深圳市坪山区旅游空间布局规划

刘晓明　陈　霄　著

中国财富出版社

图书在版编目（CIP）数据

深圳市坪山区旅游空间布局规划 / 刘晓明，陈霄著. —北京：中国财富出版社，2019.3

ISBN 978-7-5047-6875-9

Ⅰ.①深… Ⅱ.①刘… ②陈… Ⅲ.①旅游规划—研究—深圳 Ⅳ.①F592.765.3

中国版本图书馆 CIP 数据核字（2019）第 052066 号

策划编辑 李彩琴　　责任编辑 戴海林 杨白雪
责任印制 尚立业　　责任校对 孙丽丽　　责任发行 杨 江

出版发行 中国财富出版社
社 址 北京市丰台区南四环西路 188 号 5 区 20 楼　　邮政编码 100070
电 话 010-52227588 转 2098（发行部）　010-52227588 转 321（总编室）
010-52227588 转 100（读者服务部）　010-52227588 转 305（质检部）
网 址 http://www.cfpress.com.cn
经 销 新华书店
印 刷 北京九州迅驰传媒文化有限公司
书 号 ISBN 978-7-5047-6875-9/F·3008
开 本 880mm×1230mm 1/32　　版 次 2021 年 1 月第 1 版
印 张 5.125　　印 次 2021 年 1 月第 1 次印刷
字 数 115 千字　　定 价 42.00 元

前　言

2017年，深圳市坪山区迎来了发展的关键之年。2016年国务院正式批复同意设立坪山区，从此坪山正式成为深圳区级行政单位，而不再是“坪山新区”。深圳提出“东进战略”，把龙岗中心区与坪山中心区打造为深圳市的东部中心，基于此，坪山区在深圳市的“地位”大幅提升。2017年3月5日召开的第十二届全国人民代表大会第五次会议上，李克强强调要研究制定粤港澳大湾区城市群发展规划，这标志着粤港澳大湾区的建设提速，坪山区也迎来了发展良机。

与之相对的是，坪山区的旅游发展在深圳各区对比中处于弱势。2016年罗湖区旅游企业收入高达193.53亿元，南山区与福田区均超过60亿元，龙华新区与龙岗区也超过了10亿元，坪山新区却仅仅为0.8亿元，与其他兄弟城区相去甚远。坪山区的游客来源也较为单一，绝大部分的游客来源于附近的龙岗区，这极大地限制了坪山区的旅游发展。

另外，坪山区旅游业虽发展缓慢但并非区内缺乏具有吸引力的旅游资源。坪山区是客家人进入深圳的主要聚居地，留存有丰富的客家建筑文化；深圳市五大河流之一的坪山河贯穿坪山区全境；位于坪山区的马峦山瀑布是深圳市内最大的天然瀑布群；坪山区本土文化坪山麒麟舞、坑梓腰鼓舞分别被列入省、市级非物质文化遗产保护项目；享誉全国的新能源工业企业——比亚迪股份有限公司总部坐落在坪山区；近代大事件庚子首义也发生在坪山区。

坪山区的旅游资源可谓种类繁多、品种丰富，但旅游业发展缓慢。究其原因，主要是坪山区旅游资源虽丰富但分散，虽繁多但杂乱。以客家文化为例，坪山区大万世居是深圳市内较为罕见的保存完好的客家古代世居，类似规模的还有龙田世居、秀新社区等客家古建筑群。然而这些世居分散在坪山区各地，而单一世居又无法吸引大量游客，因此坪山区虽有丰富的客家文化旅游资源，却无法形成一定的旅游规模。

旅游资源的空间整合是坪山区旅游发展需解决的当务之急。旅游资源在地理空间上的分布已成客观事实，无法轻易更改。但通过旅游空间规划和整理，将旅游资源经由交通线或文化线相连，适当补充新的旅游资源形成旅游线路，可以令这些分散的旅游资源形成空间集聚，产生旅游吸引力。这也是本次坪山区进行旅游空间规划的初衷。

本次规划调研得到了深圳市规划和国土资源委员会坪山管理局戴小平主任等领导的大力支持，在此一并致谢！

鉴于调研时限原因，本次规划所采用的原始数据及相关文件的时效性均截至 2017 年年底。文中疏漏之处，还请读者批评指正。

作　者

2020 年 2 月

目　录

1　项目概况与形势分析 …………………………………… 1
1.1　项目背景 …………………………………………………… 1
1.2　项目意义 …………………………………………………… 3
1.3　项目范围 …………………………………………………… 4
1.4　国内外旅游发展形势 ……………………………………… 4
1.5　坪山旅游发展形势 ………………………………………… 7

2　旅游空间布局现状与问题分析 ………………………… 9
2.1　坪山旅游资源系统分析 …………………………………… 9
2.2　坪山文保单位空间分布现状……………………………… 16
2.3　坪山旅游资源整体判断…………………………………… 17
2.4　坪山旅游配套设施空间布局现状………………………… 18
2.5　坪山旅游的问题总结……………………………………… 20
2.6　坪山旅游空间发展判断…………………………………… 21

3　市场分析与发展定位……………………………………… 23
3.1　游客需求分析……………………………………………… 23

3.2　坪山旅游市场分析…………………………………… 25
3.3　坪山旅游资源筛选…………………………………… 31
3.4　周边竞合分析………………………………………… 31
3.5　坪山旅游产品开发定位……………………………… 33

4　旅游空间需求与供给分析 ………………………………… 35
4.1　旅游产业空间需求预测……………………………… 35
4.2　坪山旅游产业发展的空间需求解析………………… 39
4.3　坪山旅游产业发展的空间供给条件………………… 40

5　上位规划解读 ……………………………………………… 43
5.1　《深圳市坪山新区旅游发展总体规划
(2014—2020年)》 ………………………………… 43
5.2　《坪山区全域旅游发展策略及近期实施计划》 ……… 45
5.3　《深圳市坪山新区绿道网专项规划》
(2014年编制) ……………………………………… 46
5.4　《坪山新区慢行交通系统规划及试点实施方案》
(2013年编制) ……………………………………… 46

6　空间规划解决方案 ………………………………………… 47
6.1　规划目标……………………………………………… 47
6.2　规划原则……………………………………………… 48
6.3　规划思路……………………………………………… 49
6.4　规划手段……………………………………………… 50

6.5 规划方法 …… 51
6.6 规划定位 …… 51
6.7 优先保护的资源 …… 53
6.8 空间布局整体框架 …… 56

7 空间重点项目规划 …… 65
7.1 马峦山休闲系统 …… 65
7.2 大万客家文化旅游项目 …… 85
7.3 金龟康养项目 …… 100
7.4 比亚迪工业旅游 …… 108
7.5 红色旅游 …… 113
7.6 绿梓都市农业休闲综合体 …… 119
7.7 坪山河风情游 …… 124
7.8 其他配套设施规划 …… 130
7.9 旅游线路规划 …… 136
7.10 旅游交通规划 …… 138
7.11 旅游增加值测算 …… 138

8 行动项目库 …… 147
8.1 重点旅游项目 …… 147
8.2 配套设施项目 …… 150

参考文献 …… 151

1　项目概况与形势分析

1.1　项目背景

1.1.1　大湾区建设提速，战略机遇凸显

2017 年 3 月 5 日召开的第十二届全国人民代表大会第五次会议上，国务院总理李克强在政府工作报告中提出，要推动内地与港澳深化合作，研究制定粤港澳大湾区城市群发展规划，发挥港澳独特优势，提升在国家经济发展和对外开放中的地位与功能。粤港澳大湾区指的是由广东省广州、深圳、珠海、佛山、惠州、东莞、中山、江门、肇庆九市和香港、澳门两个特别行政区形成的城市群。粤港澳大湾区建设持续升温，《深化粤港澳合作 推进大湾区建设框架协议》于 2017 年 7 月 1 日在香港签署。在粤港澳大湾区发展大背景下，深圳市坪山区旅游业也要抓住战略机遇，旅游空间规划也应该具备国际化的视野。

1.1.2　内外多重利好，旅游环境向好

深圳在经历了 40 年的发展后，将整体发展提上日程，在

“特区一体化”发展之后，开始实施“东进战略”，把龙岗中心区、坪山中心区打造成为东部中心，使深圳东部能够承接深圳市的外延发展，并联结莞惠与汕尾的“深汕特别合作区”，尤其是坪山将成为深圳的“东北门户”。坪山区也在积极抓住这个机遇，并提出了“两城两区”的战略构想，即“坪山中心城”“碧湖文化健康城”以及“坪山高新区”“慢生活生态休闲区”。以上是制订“坪山旅游空间发展规划”的重要背景。

随着深圳国际性城市的发展，深圳的经济中心向中西部迁移的迹象日益明显，前海蛇口自贸片区的建设以及沿珠江—西江经济带的打造尤为引人注目。与此同时，城市的生活休闲区域却在向着东部拓展。通过将马峦山区域的优质山岳旅游资源与东部盐田区的大小梅沙滨海旅游资源、大鹏半岛的优秀山海资源结合，打造深圳环城游憩带的东部关键区域，马峦山区域有望成为深圳环城游憩带东部区域的坪山“名片”，达到“引爆”坪山旅游的目的。

1.1.3 交通全面升级，旅游更加便捷

坪山区的交通建设已进入快速发展时期。公路方面，已开工建设的有南坪快速路三期、坪盐通道、东部过境高速公路、外环高速公路。“两横四纵”的高快速网络、“六横八纵”的主干路网已经形成。其中，“两横四纵”的“两横”是指深汕高速公路和南坪快速路三期，“四纵”是指东部过境高速公路、坪盐通道、外环高速公路、绿梓大道。“六横八纵”的

“六横”包括坪山大道、丹梓大道、金碧路—兰竹路、深汕路—东纵路—银田路、沙陂东路—碧沙东路—新合路—金牛路、锦龙大道—坪联路—比亚迪路—金田路，“八纵”包括宝坪路、宝汤路、深汕路—马峦北路、龙坪路、荔景路、龙兴路—光祖路—兰景路、聚龙路、丹梓北路—青松路。地铁方面，已开工建设的有地铁14号线和16号线，地铁19号线、21号线和33号线也已在规划中。云巴方面，从比亚迪至坪山站的一期已开工建设。坪山的交通大环境已全面升级，游客的出行将更加方便快捷。

1.1.4 竞争城区拥堵，隐藏发展机遇

深圳东部景区是市民自驾出行的热点区域，但由于车流量太大，通往大鹏、盐田区的交通压力已经不堪重负，“逢假必堵”成了常态，且短期内无法得到有效缓解，游客早已怨声载道。随着坪山外围交通环境的改善以及马峦山等一批休闲度假目的地知名度的提升，坪山完全有可能在“滚滚东去”的市民休闲大潮中吸引相当一部分的市民来此休闲观光。

1.2 项目意义

（1）有利于进一步落实《深圳市坪山新区旅游发展总体规划（2014—2020年）》与《坪山区全域旅游发展策略及近期实施计划》中有关旅游空间规划的任务。

（2）有利于推动坪山率先建成深圳居民休闲度假重要目

的地、深圳旅游产业转型升级先行区、全国创意产业创新发展示范区和国家智慧旅游示范区。

（3）有利于坪山构建成“山水相映、蓝绿互动、文化引领、产城融合、宜游宜居”的生态旅游体系。

（4）有利于配合坪山区经济结构转型升级与社会建设的需求，落实“两城两区”的战略构想。

1.3 项目范围

本次旅游空间布局规划的空间范围为坪山全区，总面积168平方千米。规划的时间范围近期为2018—2025年，远期为2025—2035年。

1.4 国内外旅游发展形势

1.4.1 世界旅游发展形势

世界经济形势正在渐渐从经济危机中复苏，旅游业在其中起了巨大作用。全球旅游经济迅猛发展，特别是亚太地区发展势头强劲。世界旅游组织（World Tourism Organization，UNWTO）发布最新《世界旅游组织旅游亮点报告2017年版》（*UNWTO Tourism Highlights 2017 Edition*）。报告显示，世界旅游组织非常关注新兴目的地，经济体和目的地使用频度增加，中国元素继续成为关注焦点。2017年全球国际游客到访量达到

13.23 亿人次，国际旅游消费达 1.34 万亿美元（见图 1－1）。

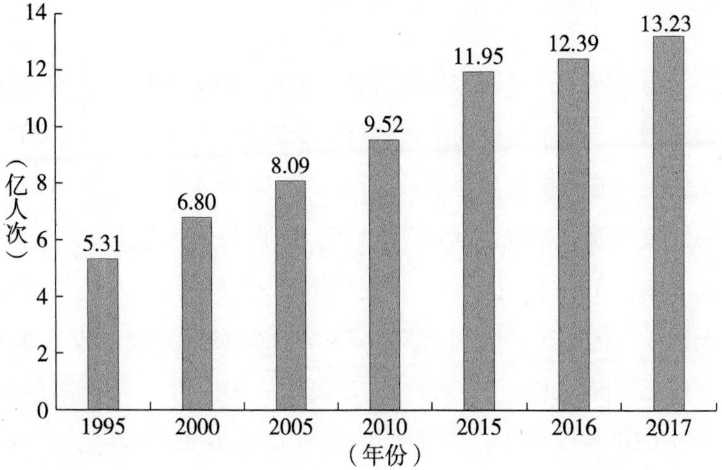

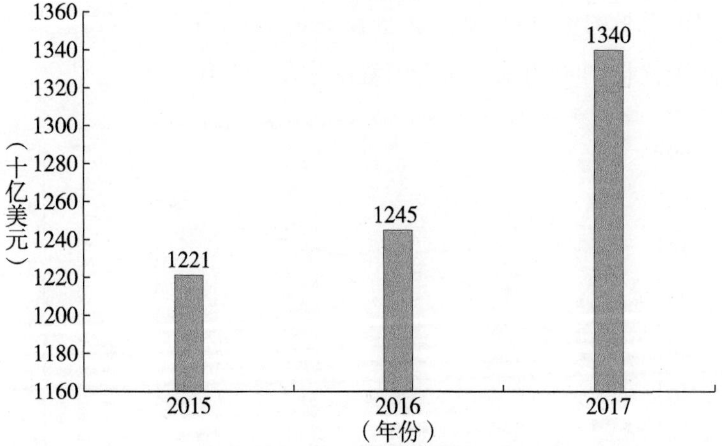

（亿人次）
1995 5.31
2000 6.80
2005 8.09
2010 9.52
2015 11.95
2016 12.39
2017 13.23
（年份）

（十亿美元）
2015 1221
2016 1245
2017 1340
（年份）

图 1－1　2017 年世界旅游形势

旅游业已基本实现了休闲化、大众化和社会化，成为人们的一种生活方式和基本权利。旅游业与科技教育、文化体育、商务会展等产业的结合越来越紧密，特别是与信息化“珠联璧合”，成为跨领域、跨行业的综合性、战略性产业。

1.4.2 国内旅游发展形势

与此同时，我国旅游经济稳步增长，随着国民经济的持续快速增长与城市居民的消费转型，旅游业发展前景乐观。2017年，国内旅游市场高速增长，出入境市场平稳发展，供给侧结构性改革成效明显。2017 年全年，国内旅游人数 50.01 亿人次（见图 1－2），比 2016 年同期增长 12.8%；出入境旅游总人数 2.7 亿人次，同比增长 3.7%；全年实现旅游总收入 5.4 万亿元，同比增长 15.1%。初步测算，2017 年全年全国旅游业对 GDP（国内生产总值）的综合贡献为 9.13 万亿元，占 GDP 总量的 11.04%。旅游直接就业 2825 万人，旅游直接和间接就业 7990 万人，占全国就业总人口的 10.28%。

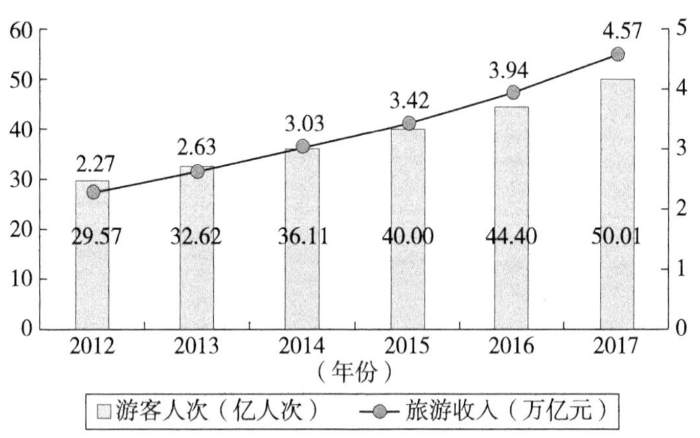

图 1－2　2012—2017 年国内旅游市场统计情况

1.4.3 深圳旅游发展形势

深圳市旅游发展形势稳中有升。2017 年，全市接待游客总人数 13147.45 万人次（见图 1－3），较 2016 年，同比增长 13.05%，旅游总收入 1485.5 亿元，较 2016 年，同比增长 19.34%，接待旅客量跃居全国第四。2009 年深圳市试行国民休闲旅游计划，这是深圳市深化休闲体验旅游的转折期，旅游的社会职能与公共职能正在逐渐凸显。近年来，深圳旅游在滨海资源、气候环境、自贸经济、科技创新方面形成了强劲的发展优势，一批优秀的旅游品牌脱颖而出。

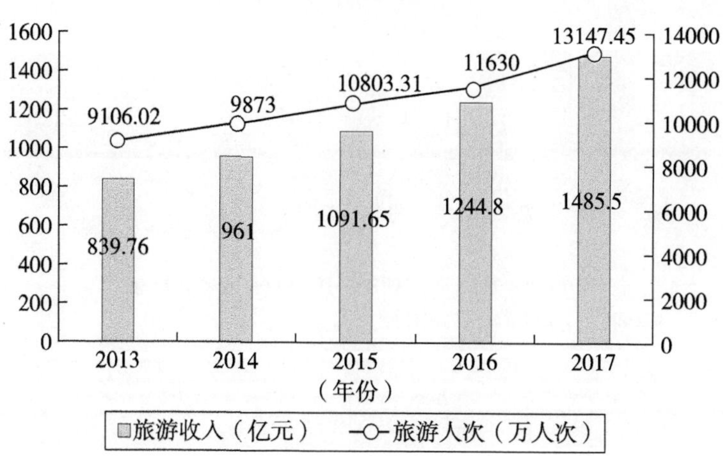

图 1－3 2013—2017 年深圳市旅游收入与人数统计

1.5 坪山旅游发展形势

2016 年罗湖区旅游企业收入高达 193.53 亿元，福田区、南山区也超过了60亿元，但坪山新区当年的旅游企业收入只有0.8亿元。与兄弟城区的旅游企业收入相比，坪山新区差距较大（见图1－4）。

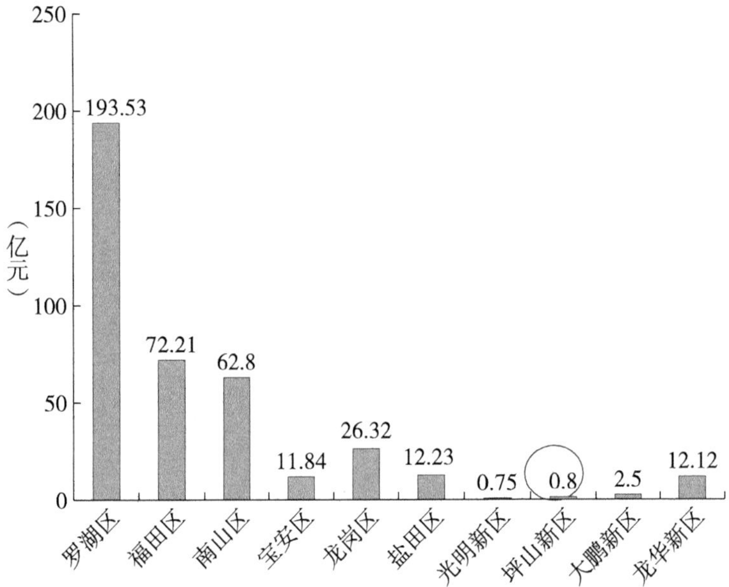

图1－4　2016年深圳市各区旅游企业收入比较

资料来源：深圳市旅游局统计处。

2 旅游空间布局现状与问题分析

2.1 坪山旅游资源系统分析

2.1.1 总体情况

经调研统计发现，坪山旅游资源共分为 10 类，包括生态旅游资源、康养旅游资源、工业旅游资源、红色旅游资源、农业旅游资源、文化旅游资源、客栈民宿资源、特色餐厅资源、体育旅游资源、非物质文化遗产资源。

2.1.2 分类旅游资源

分类旅游资源见表 2－1 至表 2－11。

表 2－1　生态旅游资源

名称	特征
碧岭瀑布群	碧岭瀑布群是深圳市少有的瀑布资源，瀑布气势恢宏，保护良好
打鼓岭	打鼓岭是马峦山的最高峰，也是马峦山西部起点，是深圳人登山首选

续 表

名称	特征
上下肚群峦山谷	上下肚群峦山谷位于马峦山的群峦山谷，层峦叠嶂，远看有6层山峰，是生态休闲的好去处
梅园	马峦山梅园的占地面积有一千亩（约0.67平方千米），共有3万多株梅花，目前已经具有一定的游客吸引力
红花岭水库上库	红花岭水库有上下库之分，红花岭水库上库生态状况良好，配合周边景物，非常适合生态旅游
燕子岭生态公园	燕子岭生态公园位于深圳市坪山大工业区中心区，公园在原有山体的基础上进行建设，丰富了园区景观
坪山河	坪山河发源于三洲田梅花尖，流经坪山，在兔岗岭进入惠阳境内，在淡水寮湖汇入淡水河，属淡水河一级支流。流域面积133平方千米（整体流域面积181平方千米），干流长25千米
金龟河十里水翁林带	水翁，又称水榕，耐湿性强，喜生于水边，皮、叶、花都是药材。金龟河河边有一段长达5千米的水翁林带，十分罕见
庵坑瀑布	庵坑瀑布，又称担水坑瀑布。担水坑瀑布是深圳市乃至整个华南地区比较罕见的落差超过100米的瀑布
聚龙山	聚龙山有深圳少见的湿地资源，值得进一步开发
兰花岭	兰花岭有较多的珍稀植物，可作为周末踏青的去处
沙田古樟林	沙田社区有一片古樟林，由200多棵樟树聚集而成，其中古树有100多棵，百年以上的古樟树36棵，最古老的一棵樟树已经有300多年的历史，是一个天然的古树公园

表 2－2　　康养旅游资源

名称	特征
碧岭涌泉塘	马峦山碧岭片区的涌泉塘在马峦山碧岭片区入口不远处，该地水资源丰富，有两处泉水，气候宜人，是天然的康养场所，适宜开发水疗系列产品
径子村风水林	马峦山径子村以径子水库为核心有一片风水林，历史悠久，配合村子的风土人情，非常适合开发休闲康养产品
响水林场	响水林场是一片林地，是马峦山上少见的平地，可以开发康养产品

表 2－3　　工业旅游资源

名称	特征
比亚迪厂区	比亚迪股份有限公司是一家拥有 IT（信息技术）、汽车及新能源三大产业群的高新技术民营企业，其位于坪山区的公司总部——比亚迪厂区目前已申报国家工业旅游示范小镇
赛格三星旧厂址	位于坪山区的深圳赛格三星股份有限公司旧厂址保留了 20 世纪 90 年代的三个工厂大烟囱、包豪斯风格建筑，在深圳市较为罕见

表 2－4　　红色旅游资源

名称	特征
东江纵队纪念馆	东江纵队纪念馆坐落在坪山区坪山街道办事处东纵路旁，纪念馆占地约 5000 平方米，展厅建筑面积 1500 平方米，于 2000 年 12 月建成开馆，现为深圳市爱国主义教育基地
曾生故居	曾生故居位于深圳市坪山区坪山街道办事处东纵路石灰陂村，为两层砖木结构的客家民居式楼房建筑。1910 年 12 月，曾生在此出生

续 表

名称	特征
庚子首义旧址	1900年10月6日，孙中山领导的第二次武装起义在马峦山三洲田打响第一枪，史称庚子首义
田心老围	明代古村落田心老围为坪山区现存历史最久远的古自然村落。该老围同样处于省港大营救线路上，有多位历史名人曾在此居住
荫本学校	荫本学校作为东江抗日游击区田心联络站旧址，曾在省港大营救期间营救过许多文化名人和英军军官，具备被认定为区级革命遗址的条件
水源世居	水源世居在中国革命史上的地位远超东纵前进报社旧址，具有被认定为市级文物保护单位的潜质

表2-5　　农业旅游资源

名称	特征
绿梓农庄	有遗留的农田，景色较好，但上空有高压线
汤坑溪谷	汤坑的山谷农业景观秀美，适合进行农业旅游
光背农园	位于马峦山深处的光背村农业发展较好，农田未被破坏，景色宜人，可以发展农业旅游
金龟天然农场	金龟天然农场已经具有一定的吸引力
金成、半坝、田作农园	金成、半坝、田作均属金龟社区管辖，三个小组遗留有良好农田景观，配合历史建筑，是较好的农村景观

表2-6　　文化旅游资源

名称	特征
大万世居	大万世居，深圳十大客家古村落（古民居）之一。坐落在深圳市坪山区大万路33号坪环社区西南的客家村，为古堡式客家围屋建筑，始建于清朝乾隆年间

续 表

名称	特征
龙田世居	龙田世居位于深圳市坪山区坑梓街道田段心社区，建于清朝道光十七年（1837 年），总建筑占地面积为 6000 多平方米，是深圳市目前保存完整的客家围屋民居之一
秀新古村	秀新古村位于秀新社区，有保存较好的三大围屋
金沙古村	金沙古村有青排世居、长隆世居、廻龙世居，还有挺香侨苑等价值较高的建筑，可以重点开发
龙湾古村	龙湾古村位于深圳坪山区坑梓街道大水湾村，建于清乾隆四十六年（1781 年），建造时间仅晚于新乔世居，其围屋历史在坑梓街道排名第二
谭仙庙	谭仙庙位于深圳市龙岗区坪山河畔，为一道观，观中供的是“长真谭真人”（1123—1185 年），是全真道南无派创始人
国兴寺	深圳市国兴寺是坪山区新近筹建的佛教寺庙，坐落在坪山区三洋湖
圆山寺	圆山寺（当地人称观音庙），相传始建于公元 1710 年，距今已有 300 多年历史。古庙古树相映成趣，院后 10 棵古荔枝树被当地人当作“家人”
田心太子庙	田心太子庙为田心占米人经常礼拜的三太子庙，属道教文化
华谊兄弟文化城	华谊计划共投资 130 亿元将深圳华谊兄弟文化城打造成中国南方的重要电影制作基地，但目前项目处于停滞状态
鹏茜国家矿山公园	2005 年 8 月，位于深圳坪山的鹏茜矿被中华人民共和国国土资源部（现中华人民共和国自然资源部）列为中国第一批国家矿山公园，综合指标评比排名第一，但开发现状不佳

表 2－7　客栈民宿资源

名称	特征
坪头岭民宿	坪头岭民宿目前已经有 1 家民宿，尚存十几栋老房子，有开发潜力
同石民宿	同石民宿位于金龟社区同石村，目前有 15 家民宿
红花岭客栈	红花岭客栈有罕见的石屋资源
建和客栈	建和客栈目前有 2 家客栈

表 2－8　特色餐厅资源

名称	特征
古榕山庄田园式餐厅	古榕山庄田园式餐厅，周边有众多古榕树，是一家园林式餐厅
康乐园菜馆	康乐园菜馆内有一片鱼塘，游客可以坐在渔船画舫上用餐
海苑餐馆	海苑餐馆属于竹木建筑，背靠田心天然游泳池
金龟农家乐	金龟农家乐拥有各种休闲娱乐设施

表 2－9　体育旅游资源

名称	特征
坪山体育中心体育馆	坪山体育中心体育馆总建筑面积 15709.39 平方米，建筑高度为 28.81 米，正式比赛可容纳 4500 人。曾经承办过深圳大运会篮球比赛
坪山国际网球中心	位于坪山体育中心体育馆旁边，大山陂水库附近，风景宜人，曾多次举办包括 ATP 网球赛事在内的多项国际赛事
黄竹坑石场	黄竹坑石场现为废弃采石场，具备发展成体育运动场所的条件
新民村	新民村原属三九集团的废弃高尔夫球场及其周边山地，具备发展成运动场所条件

表2－10　非物质文化遗产资源

名称	特征
坪山麒麟舞	省级非物质文化遗产

坪山占米文化也属于非物质文化遗产旅游资源，具体情况见表2－11。

表2－11　坪山占米文化旅游资源情况

起源	规模	风俗	变迁	其他
坪山占米文化发源于元明时期的东莞市茶山及其周边地区，由东江流域土著与闽语区移民融合而成	占米人现今人口约有30万人，其中能讲占米话的约有10万人	在民国以前，占米的原居民喜食盘游饭、谷董羹，有迎春穿戏服导土牛并让路人以麻豆赤米掷牛、元夜（正月十三至十六）青年男女猜谜射灯嬉游、春社秋社椎牛群宴、浴佛日（四月初八）采使君子黄皮果叶和面食、七夕洗花水、十月朔以粉食挂牛角、月夜野外浩歌等习俗	从1645年至1652年，由于饥荒战乱，惠州府归善县（今惠阳区）和博罗县操东江中上游土语群（本地话、蛇话、占米话）的居民大量移居越南北方，成为当地除华族之外的另一少数民族——现今人口15万的越南山由族	坪山还留存有水祖坑黄酒、田心竹编、许氏拳术等一批尚未被政府认定的非物质文化遗产，均保留在占米文化遗址附近

2.2 坪山文保单位空间分布现状

2.2.1 坪山区不可移动文物基本情况

依据第三次全国文物普查成果、《深圳文物志》、龙岗区文体局《关于公布第二批尚未核定为文物保护单位的文物点的通知》等相关资料，结合实地踏勘，统计出坪山区不可移动文物124处，其中包括古建筑86处、近现代重要史迹及代表建筑31处、古墓葬3处、古遗迹4处。

这124处不可移动文物中，共有文保单位10处，其中2处省级文物保护单位、2处市级文物保护单位、6处区级文物保护单位，另有114处未定级不可移动文物。

2.2.2 坪山区不可移动文物评估结论

坪山区文化遗产历史、艺术、科学、文物价值突出，数量多，占地面积大，是深圳市文化遗产的重要组成部分。

坪山区是深圳市保存较好、价值较高的客家围屋聚集地，也是我国近代资产阶级民主革命地之一，其最大的特色是展现客家文化的客家围屋和展现近现代革命文化的重要革命史迹。然而，坪山区大部分文物点面临如下问题。

其一，由于位于土地整备与城市更新区范围内，绝大部分文物点本体及周边环境受到的影响和威胁较大，直接面临着存亡与取舍、保护与发展的问题。

其二，绝大部分文物点由于自然腐蚀或缺乏人工维护，建筑质量不容乐观，但稍加维护仍可延续。

其三，绝大部分文物点缺乏专人维护，少数文物点有人维护，其人群往往以业主及其家族为主。

其四，绝大部分文物点目前空置或低效利用，整体利用情况较差。

其五，绝大部分文物点淹没于城中村，周边历史风貌几近消失，且标识性较差，交通稍有不便。

其六，少数文物点虽已作为公共游览地或纪念地进行开放，但整体展示情况较差。

其七，缺乏相关的宣传。

2.3 坪山旅游资源整体判断

2.3.1 坪山旅游资源的特点“五多五少”

（1）生态控制线内的旅游资源多，生态控制线外的旅游资源少。

（2）观赏性开发的旅游资源多，参与性开发的旅游资源少。

（3）一般性的旅游资源多，重量级的旅游资源少。

（4）文保的旅游资源多，可用的旅游资源少。

（5）常规旅游资源多，特种旅游资源少。

2.3.2 坪山旅游资源的整体评价

（1）坪山旅游资源丰富类型多样。各类旅游资源有60多个，且分布广泛，覆盖全区；旅游类型多达10种。

（2）坪山旅游资源的亮点缺乏梳理。坪山旅游资源虽多，但除了马峦山，其他旅游资源开发程度较低。唯一的亮点马峦山也存在亮点不足的问题。

（3）坪山旅游资源的空间缺乏整合。坪山旅游资源分布广泛，现阶段没有得到有效整合。

（4）坪山旅游资源的主线缺乏提炼。缺乏必要的主线，无法串联丰富的旅游资源。

2.4 坪山旅游配套设施空间布局现状

2.4.1 吃

截至2017年年底，坪山区全区饮食店约有5500家，以辐射周边的快餐为主，在人口主要聚集地坑梓、碧岭与中心区均有较多饮食店分布；有区域影响力的饮食店主要分布在坪山中心区，如六联饭店等，但没有十分出名的。游客一般选择在坪山中心区或在景区（主要分布在马峦山区域）的农家乐就餐，这些店中有极具特色的地方美食。

2.4.2 住

坪山区住宿设施不少，但星级宾馆较少，总共只有2家，其中4星级酒店1家，3星级酒店1家。民宿客栈类占比较少，主要分布在马峦山。坪山全区共有房间数4748间，其中坑梓镇663间，中心城区4085间，共有床位数约9000张，但住宿环境较差，急需提升住宿质量。宾馆的主要客源为来此地办公者或探亲者，游客较少选择在坪山住宿。坪山区的住宿设施主要集中在深汕路、东纵路、金牛西路等。景区周边住宿设施较少。金龟有露营基地，但露营人数不多。

2.4.3 行

坪山区目前道路交通不畅，与市区相距较远。未来将有两条地铁通过坪山，南坪快速三期2018年年底完成通车后，坪山与市区的交通将缩短至45分钟内。坪山区现有路网密度仅达到深标下限，区域交通过于依赖主干道，运行效率低下。景区内部道路建设还有待加强，马峦山上的道路路况较差，许多景区之间缺乏直接道路连通。

2.4.4 游购娱

坪山区目前没有旅行社，仅有13处旅行社的服务网点，来到坪山的游客以散客为主。景区内部标识系统混乱或缺失，景区之间连接较少，缺少必要的游线指引。坪山区购物场所分布较为分散，较集聚的区域为坑梓镇的人民路与中心城区的建设路附近。然而购物环境较差，仅能满足当地人购物需求。现在有三家Shopping Mall（购物广场），但没有面对游客的特色购物设施。坪山区对本地文化挖掘不够，本地特色商品较少，游客几乎无法买到有当地特色的旅游纪念品。坪山区的娱乐产业以网吧、KTV（卡拉 OK）居多，大部分用来满足本地人娱乐需求，面对游客的娱乐设施较少。

2.4.5 旅游特色配套设施

能够彰显当地文化与特点的旅游配套设施是旅游发展的有益补充，甚至在很多情况下会成为旅游资源的一部分，如广州北京路、上海南京路这样的特色购物街，南京夫子庙、成都锦里这样的特色饮食街，北京三里屯、南京 1912 这样的特色酒吧街。目前坪山有形成这些特色配套设施的条件，但尚未形成有影响力的特色配套设施。而旅游特色装备生产正是坪山的优势所在，可以利用现有厂房进行加工生产，但截至目前尚没有得到开发。受限于旅游发展现状，旅游集散中心也没有发展起来。

2.5 坪山旅游的问题总结

2.5.1 旅游总体定位不明确

坪山旅游发展口号很多，如“生态坪山”“创意坪山”“多彩坪山”等，但没有一个旅游的总体形象得到过连续实践和传播，坪山旅游发展总体定位不明确，这也是坪山旅游总体知名度不高的重要原因之一。

2.5.2 旅游空间布局待梳理

坪山旅游资源丰富，但缺少统筹安排，造成了景区景点在空间上“亮点不亮、分工不明”。

2.5.3 旅游配套设施不健全

坪山目前旅游服务设施仅包括农家乐、露营地等，其他配套设施较为匮乏，尤其是住宿方面，急需改善。

2.5.4 客源时空结构待拓展

从时间上看，游客很少在景区景点过夜，人均消费金额很低；从空间上看，过于依赖本地市场（坪山区、龙岗区）。

2.6 坪山旅游空间发展判断

（1）片区各自为政，缺乏整体考量；文物侵蚀严重，保护不力。

（2）基础设施配套不足，交通连通性差；旅游空间受限，发展模式不明。

3 市场分析与发展定位

3.1 游客需求分析

3.1.1 全球游客需求总体发展趋势

随着科技进步和经济发展，人们的休闲时间与日俱增，恩格尔系数则与日俱减。在发达国家和地区，恩格尔系数一般在20%～30%，人们可自由支配收入大幅度增加。目前全世界大部分国家实行每周5天工作制，同时实行每年5～52天不等的在职带薪休假制。有些国家甚至打算实行每周工作4天、每天工作5小时、每周工作20小时，并进一步延长带薪休假时间，人们的闲暇时间大大增加。因此，在“可支配收入增加”及“闲暇时间增加”两大因素的驱动下，旅游者已不满足于传统的观光旅游产品，开始选择具有鲜明地域特色、时代特色和个性特色的休闲度假旅游产品，休闲度假旅游成为现代人生活的重要组成部分。休闲度假旅游成为最重要的市场方向，在一些旅游资源丰富的地方如百慕大群岛、巴哈马群岛、开曼群岛等，旅游业已发展成为国民经济的支柱产业，其收入占国民收入的50%以上，世界已经迈入了“旅游时代”。

“旅游时代”最主要的特征：当经济基础达到一定条件时，人们就会产生休闲、康体、修身等需求，如农场观光型休闲、民俗观光型休闲、运动型康体、疗养型康体、研学型修身等。另外，游客在不同阶段对于出行的目的、景点的选择、旅行的偏好都有不同的表现，见表3－1。

表3－1　　游客在不同阶段的角色转变

	观光阶段	参与阶段	融入阶段
旅游经验	缺乏	有一定经验	丰富
出行目的	开阔眼界、增长见识	放松娱乐、文化体验	体验不同的生活方式，真正度假
景点选择	普通大众景点，如风景名胜、人文古迹等	具有一定体验性的景点，如城市主题乐园、温泉、漂流等	高端舒适、生态环境优美，具有核心吸引物及丰富旅游设施的度假区
旅行偏好	喜欢去大众游客都去过的景点，对旅游质量要求不高，希望参观的景点“多多益善”	不满足单纯、被动观光，希望能主动参与各项旅游活动	追求舒缓的生活节奏、调节身心健康、与众不同的放松体验

3.1.2　深圳游客需求解析

深圳地区2017年人均GDP已超过25000美元，坪山区2017年的人均GDP也已超过20000美元，并且增速超过深圳全市；从发达国家的经验看，深圳的全民休闲时代已经到来。

经调研，从出游动机来看，深圳游客的主要出游动机有如下几个特点：短暂逃离都市——减压；积极锻炼身体——运动；亲子沟通——休闲；身心彻底放松——疗养。从产品需求来看，主要有四种：运动型、休闲型、文化型、疗养型。

3.2 坪山旅游市场分析

3.2.1 游客调研

课题组于 2015 年 10 月选择坪山最具代表性的马峦山景区进行了游客抽样调研，共计发放问卷 2000 份，回收有效问卷 1980 份，马峦山游客结构见图 3－1、图 3－2、图 3－3。

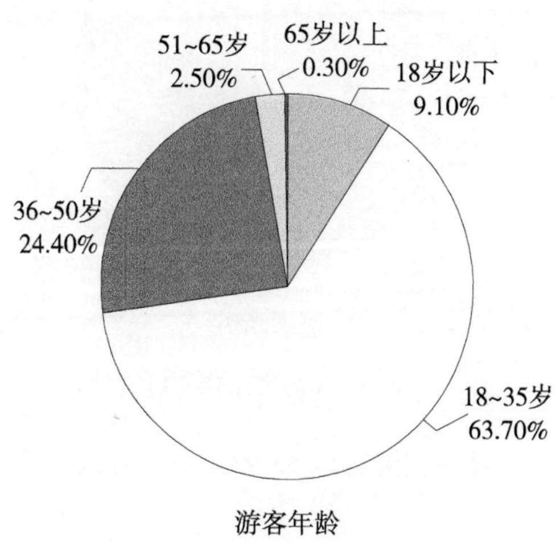

图 3－1 马峦山游客结构（1）

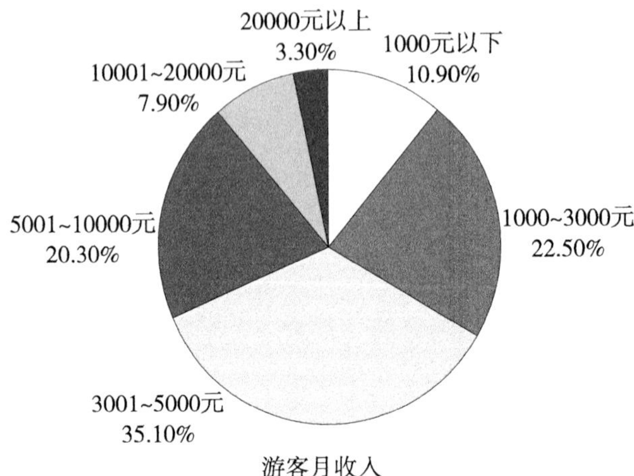

游客月收入

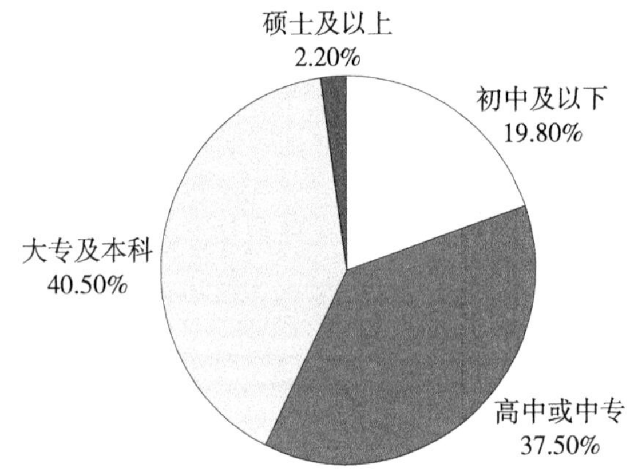

游客学历

图 3-1　马峦山游客结构（1）（续）

由图 3-1 可知，游客以 35 岁以下、月收入 5000 元以下人群居多。

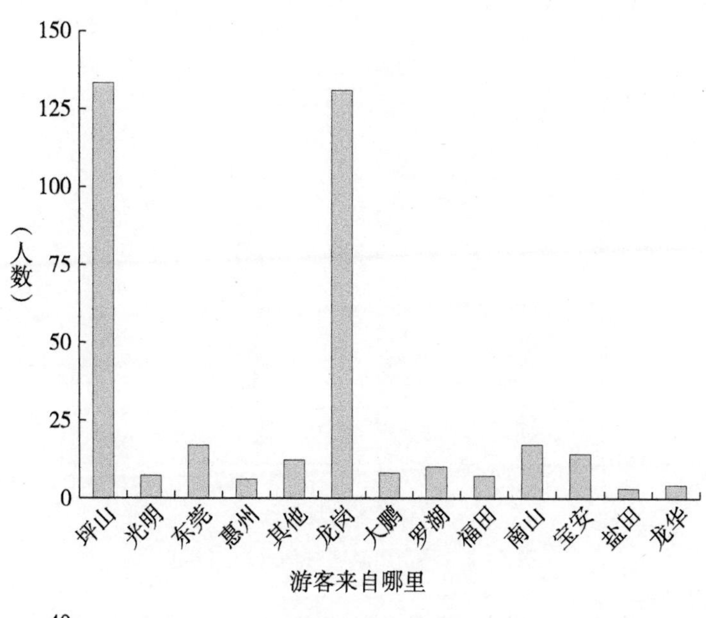

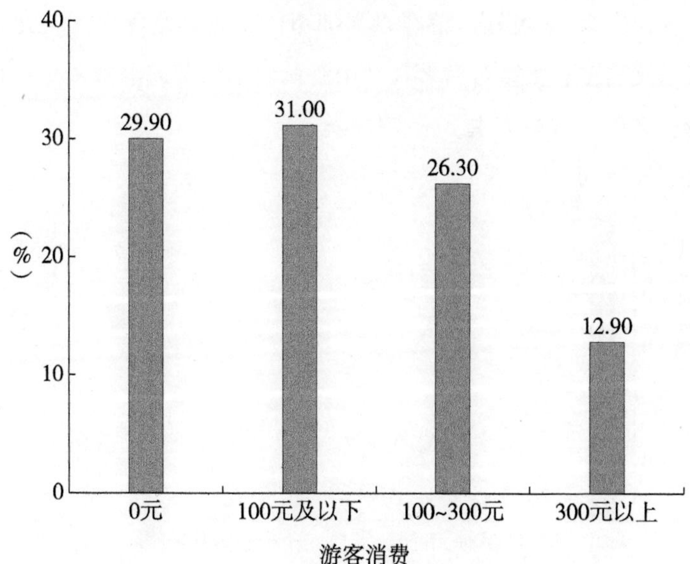

图 3－2　马峦山游客结构（2）

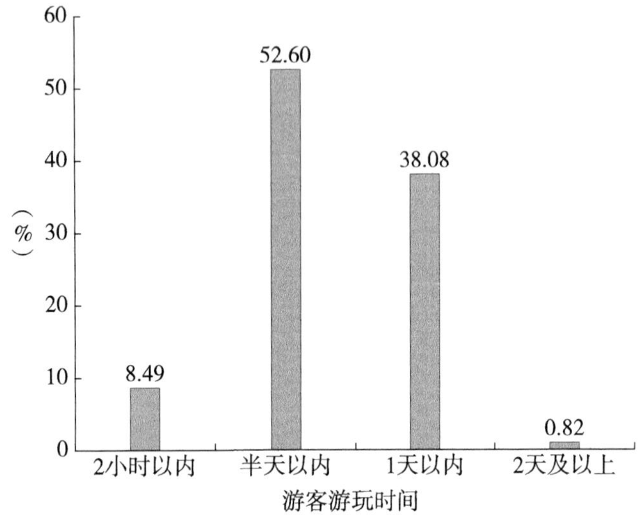

图3－2　马峦山游客结构（2）（续）

由图3－2可知，游客以深圳市内，尤其是坪山区与龙岗区居民居多；大多数游客在坪山游玩时不消费或消费较少；且游客多以一日游为主，很少住宿。

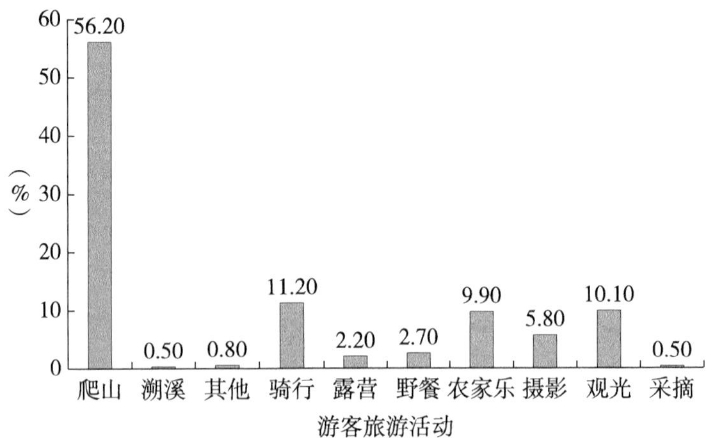

图3－3　马峦山游客结构（3）

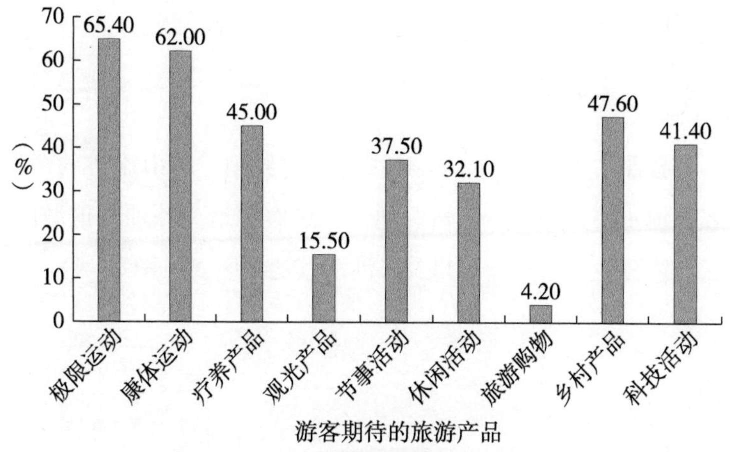

图3-3 马峦山游客结构（3）（续）

由图3-3可知，马峦山可供游客选择的旅游活动以爬山为主，其次为骑行、观光、农家乐等，但调研结果表明，游客更期待的旅游产品为极限运动、康体运动等。这表明马峦山目前提供的产品与游客需求之间有较大差距。

3.2.2 市场细分

基于问卷调查的结果和对坪山区相关部门的采访，根据游客情感需求与人均消费能力，对坪山旅游市场进行了细分。具体情况如下。

合家健康、亲子游、享浪漫、养生游客群是第一级核心目标客群，该群体进入难度相对较低、需求规模大、消费规模大，同时坪山区已经形成了一定的旅游吸引力。而研学游、休闲游消费规模相对较小，但开发难度较低，可作为二级核心目标客群。

3.2.3 客源地

按照“服务本地，辐射周边”的原则，坪山旅游的一级客源地主要为坪山、惠州两地，二级客源地为深圳其他城区，三级客源地为东莞、广州及粤港澳其他地区（见图3－4）。

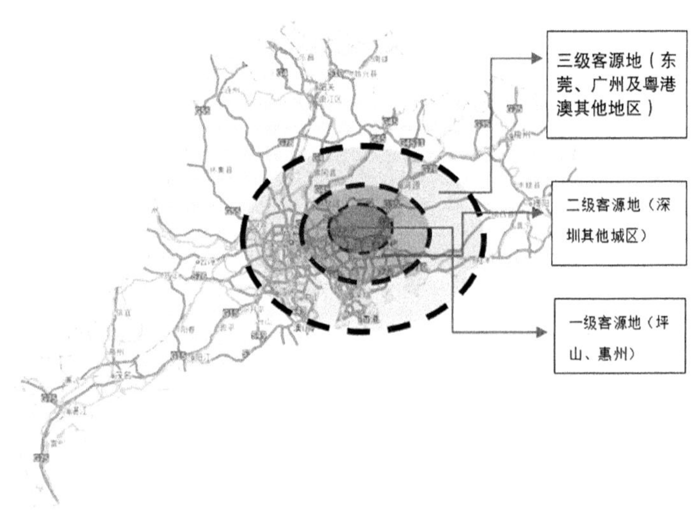

图3－4 坪山旅游客源地结构

3.2.4 市场定位

根据游客需求的调研结果，结合坪山旅游资源的实际情况，建议坪山旅游的市场定位“以中、高端为主，逐步开发高端市场，同时兼顾中低端市场”。即近期重点开发合家健康、亲子游、享浪漫等中高端市场，逐步开发养生游等高端市场，并为每个旅游目标市场开发相应的满足需求、关注痛点的产品。

3.2.5 产品开发级别分类

根据坪山旅游市场细分及市场定位，结合坪山旅游资源的实际情况，产品开发可按“分层开发，依次推进”的原则进行，分为引擎产品、次重产品、基础产品三大类。其中，引擎产品着重于郊野远足、山地运动和休闲养生，次重产品着重于客家文化、红色旅游、科技旅游，基础产品着重于美食旅游和休闲旅游。

3.3 坪山旅游资源筛选

前面的章节已经对坪山旅游资源进行了全面梳理，根据坪山的旅游资源条件（资源要素价值、资源影响力、资源可达性）、市场需求（资源知名度、资源吸引力）和政府意愿（政策背景）三个条件对坪山旅游资源进行筛选和合并。筛选、合并后可供开发且开发价值较大的旅游资源共分为 5 类，共 53 个，比筛选前减少 7 个。

3.4 周边竞合分析

区域旅游竞合是指在不同旅游区域之间始终存在的竞争与合作并存的空间关系，如何在不同旅游区域之间建立一种稳定和谐、互惠共赢、动态平衡的空间竞争与合作关系，将是今后深圳东部包括坪山、大鹏、惠州三地在内的“环东部旅游带”研究的重点。坪山与东部其他区域旅游竞合关系（见表 3－2）。

表 3-2　坪山与东部其他区域旅游竞合关系

项目＼区域	深圳盐田区	深圳大鹏区	深圳龙岗区	惠州市
与坪山区交通距离（中心区）	38 千米，约 45 分钟车程	13.7 千米，约 21 分钟车程	15 千米，约 30 分钟车程	60 千米，约 60 分钟车程
旅游吸引物	东部华侨城（主题公园、高尔夫球场）、大小梅沙（沙滩）、中英街（文化街道）、海洋世界（主题公园）	大鹏所城（古城）、较场尾（民宿）、东西冲（沙滩）	大芬油画村、坝光村、文博宫、鹤湖新居	惠州西湖、巽寮湾、平海古城、罗浮山等
竞合关系	①与坪山区资源类型不同，可以形成资源互补；②可与坪山区共同形成深圳东部山海休闲区；③可与坪山区共同形成深圳东部的运动休闲区（东部华侨城与马峦山），共同打造深圳的“CRD（Central Recreational District，中央休闲区）”	①与坪山区资源类型不同，可以形成资源互补；②可以与坪山区共同组成深圳东部旅游区	①与坪山区资源部分同质，但坪山区的客家文化资源更加丰富；②可以与坪山区共同组成深圳客家文化旅游线路	①与坪山区资源部分同质，但坪山区交通优势明显，可以与惠州市联动；②形成客家文化寻根线路

3.5 坪山旅游产品开发定位

根据坪山旅游资源条件、游客需求及周边竞合关系的综合考量，课题组提出坪山未来的发展是“项目驱动”，需要构建适合坪山发展的“产品体系”。产品体系的构建原则如下。

- 有利于资源价值的充分发挥。
- 有利于旅游市场的较好满足。
- 有利于目标客户的较长停留。
- 有利于旅游空间的科学布局。

最终构建出三大产品体系。

- “快+慢”产品体系：“快捷交通+慢行系统”。
- “动+静”产品体系：“山地运动+休闲养生”。
- “白+黑”产品体系：“白天游玩+夜游项目”。

4 旅游空间需求与供给分析

4.1 旅游产业空间需求预测

需求调研是需求解析的第一步。课题组对坪山旅游产业发展空间需求的调研共分为两个部分，一是对政府相关部门、旅游企业和社区居民的采访调研。二是利用相关模型进行需求预测。

4.1.1 采访调研

坪山旅游空间需求调研统计见表4－1。

表4－1　　　　坪山旅游空间需求调研统计

	空间需求	结论
政府	①旅游发展需要鲜明文化主题，且需要树立一个核心点； ②旅游资源需要重新梳理与集聚，形成特色旅游空间； ③通过旅游产业的吸附效应，把现存的产业重新梳理或转移； ④通过旅游产业带动其他产业发展，提升配套产业的档次； ⑤未来通过旅游带来的产业转移，将现有的商业区进行提升改造，助力城市更新	政府需要旅游产业在坪山区空间中形成若干个主题明确的集聚型区块，用来吸引游客、配套产业，引导产业升级以及土地集约化利用

续 表

	空间需求	结论
旅游企业	①坪山区旅游配套产业如餐饮、酒店等目前没有将工作重心放在旅游业中，其对于旅游空间的要求是旅游业能够带来更多的游客； ②相关旅游企业希望围绕旅游景区的配套设施能够完善，形成一个产业集聚的地块，有利于自身的发展	企业希望产业在某个区块集聚，这样会带来更多的游客，有利于企业发展
社区居民	①保留地区文化根底，不接受移植文化（如华侨城模式）； ②不希望分微型区块（如金龟露营小镇）、无联系地开发旅游景区，希望从较大的规模进行开发； ③扩大旅游市场，通过市场的扩大来扩大景区的空间范围； ④不希望搬离原来的社区，希望景区的发展能够让村民回到原籍地工作和生活； ⑤能够把原有的地区特产融进旅游开发中，既保留了地方记忆，又增加了旅游资源，比如水翁树与金龟桔	社区居民希望扩大景区的空间范围；景区之间能有文化联系；景区有集聚的配套设施，可融入景区成为景区的一部分

4.1.2 模型预测

（1）旅游规模预测。

2015 年马峦山各大片区日最高游客量统计见表 4－2。

表 4－2　2015 年马峦山各大片区日最高游客量统计

单位：人次

片区	节假日	周末	平日
碧岭片区	20000	3000	500
中部片区	3000	800	200
金龟田心片区	10000	7000	3000
小计	33000	10800	3700

马峦山 2015 年全年的游客量约为 270 万人次，用支持向量回归（Support Vector Regression，SVR）预测模型测算，等到 2025 年规划中期时，马峦山的游客数将达到 430 万人次。坪山其他景区的游客量则通过周围市场渗透率方法测算（公式为潜在市场人数×渗透率），新开发的景区渗透率在 5%～15%。如果按照 10% 置信水平计算，暂不考虑重游率与景区的交叉游览关系，预测可得 2025 年坪山区旅游人数将达到 1000 万人次。

（2）床位数预测。

$$M = S_1 \times T_1 \times W_1 \div (W_2 \times P_1)$$

其中，住宿设施的参数分别为总床位数 M、景区年游人数 S_1、游客平均留宿率 T_1、平均留宿天数 W_1、全年旅游天数 W_2、床位平均利用率 P_1。

$$各类型酒店预测：N_i = M \times P_i$$

其中，N_i 为档次酒店床位数，M 为总床位数，P_i 为 i 星级酒店入住占总体的比例。P_i 可以根据留宿游客消费支出比例求得。

S_1 全年游客人数取预测 2025 年年末的峰值 1000 万人次；T_1 游客平均留宿率根据目前的留宿率不到 1%、深圳全市的旅游留宿率是 40%，推测规划年末留宿率达到 20%；W_1 平均留宿天数为1天；W_2 全年旅游天数一般按300天测算；床位利用率一般按60%测算，最后得出：

$$M\text{（总床位数）}=1000\times 20\%\times 1/(300\times 60\%)$$
$$=1.11\text{（万张）}$$

（3）酒店数量预测。

根据《中国旅行者住宿需求与行为研究报告》（中国饭店协会，2014）对游客住宿结构的调查研究，目前游客在旅游区选择酒店是按照高星级酒店（四、五星）15.7%，经济型酒店70.5%，特色民宿及其他设施13.8%的比例。坪山区酒店发展需求预测见表4－3。

表4－3　坪山区酒店发展需求预测

酒店信息 / 酒店级别	现有房间（间）	现有床位（张）	床位需求（张）	床位缺口（张）	新增个数（张）	建筑面积（平方米）
高星级酒店	959	1900	1760	－140	0	0
经济型酒店	3693	7000	7700	700	4	2000
特色民宿	96	200	1540	1340	67	20000

（4）餐饮设施预测。

$$Q=S_2\times P_2\div(T_2/T_3)$$

其中，Q 为餐饮座位数、S_2 为平均每日游人数、P_2 为游客平均用餐率、T_2 为一日餐饮供应时长、T_3 为平均每餐用食时长。

（5）停车场预测。

停车场预测：$M_i=S_2\times P_3\div(Z_1\times Z_2\times T_4/T_5)$

其中，M_i 为第 i 种车型停车需求量、S_2 为平均每天游人数量、P_3 为车辆出行方式分担率、Z_1 为车辆核定座位数、Z_2 为车辆实载率、T_4 为停车场一天营业时长、T_5 为车辆停车平均时长。其中 M_1 为私家车，M_2 为旅游大巴。

4.2 坪山旅游产业发展的空间需求解析

4.2.1 市场需求

坪山旅游在“留下家庭回忆”“增加孩子阅历知识”“让心灵平静下来”“寻求自由浪漫”“寻求新奇刺激”和“寻求安心、安逸、舒适”等方面与市场需求有差异点，未来应该新增几个满足以上情感需求的景区。

4.2.2 用地类型

坪山旅游用地主要包括旅游景区用地与旅游配套设施用地两类。旅游景区用地需要布置在旅游资源周围，包括一部分文物用地、山林用地、水域用地等，景区内的建设用地主要用来支撑旅游设施的建设；旅游配套设施包括商业用地（饮食、住宿与商店)、交通用地等。

4.2.3 用地规模

旅游配套设施主要是要新增酒店，星级酒店需要占地 1 ~ 2 公顷（0.01 ~ 0.02 平方千米)；特色民宿可以使用新建与旧屋改造相结合的方式，以旧屋改造为主；停车场需要新增 14.6 公顷（0.146 平方千米）的用地面积，可适当考虑建设地下多层停车场，节约土地资源。

4.3 坪山旅游产业发展的空间供给条件

4.3.1 可供使用的旅游空间资源——文物保护单位

坪山共有10处文物保护单位（其中2处省级文物保护单位、2处市级文物保护单位、6处区级文物保护单位），114处未定级不可移动文物（数据截止日期为2017年年底）。其中部分文保单位和不可移动文物可进行保护性开发。

4.3.2 可供使用的旅游空间资源——光背空地

新民村及其附近山区组成了光背空地（见图4-1），即光背居民小组及其周边一块开发到一半的空地。该地块属于三九集团。

图4-1 光背空地

4.3.3 可供使用的旅游空间资源——马峦山村落

马峦山目前有多处古村落，围屋、排屋、宗祠、碉楼等古迹遍布其中，承载着较为丰富的人文资源，同时能作为旅游项目的用地空间使用。马峦等五个村落位于三九集团用地范围内，主要由三九集团管理；径子村位于已征转未入库土地上；其他村落均在储备地上。各村落均不位于郊野公园和一级水源保护区内。马峦山土地整合情况见表4－4。

表4－4　　马峦山土地整合情况　　单位：处

村落名称	建筑用途				总和
	居住	闲置	农家乐	其他	
径子	4	4	0	1	9
老围	4	10	4	3	21
光背	10	5	1	2	18
岭背	0	0	3	0	3
马峦	0	4	2	0	6
庚子首义	2	3	3	5	13
联合	1	5	5	3	14
建和	6	3	0	0	9
红花岭	0	4	7	1	12
罗屋	3	2	0	0	5
新屋	0	3	0	0	3
总和	30	43	25	15	113
所占比例	26.55%	38.05%	22.12%	13.28%	100.00%

5 上位规划解读

5.1 《深圳市坪山新区旅游发展总体规划（2014—2020年）》

5.1.1 主要内容

坪山区构建“一心三区四线”的旅游发展空间结构。

“一心”指城市中心服务区，是新区旅游的游客集散中心、旅游管理中心、城市休闲旅游文化中心和旅游配套服务设施产业集聚中心。位于坪山新区中西部地区，规划范围为丹梓大道、深汕公路围合地区，总面积4.82平方千米。

“三区”是生态旅游度假区、文化创意旅游区和客家文化集群区。

“四线”指四条特色主题线路：城市水岸休闲线、绿道骑行健身线、蓝道特色体验线、公共交通观光线。

5.1.2 规划解读

总体评价：此规划较为合理地概括了坪山新区的旅游资源

优势，并将资源进行了优势整合，空间感较强，基本符合坪山区的实际情况。但是因为坪山新区的资源较为分散，在实际落地时还需要更为详细合理的空间规划方案。

（1）一心。

城市中心服务区。

解读：城市服务中心过于集中，于游客不便。建议按游客需求在坪山区内设置两或三个游客集散中心。

（2）三区。

①生态旅游度假区。

解读：将森林旅游、休闲农业、湿地资源划归生态旅游度假区，并不合适，也未能凸显马峦山和金龟各自的优势。

②文化创意旅游区。

解读：此处应着重开发以大万世居以及与华侨城合作的文旅小镇为核心的客家文化体验。

③客家文化集群区。

解读：坑梓街道共有七个世居，但整体而言，开发利用价值远不如大万世居。此区开发农业休闲可能更为合适。

（3）四线。

①城市水岸休闲线。

将坪山河流域打造成以历史文化保护与开发、文化创意、旅游资源开发利用为主的都市旅游风情带。

解读：切合现有的健康生活实际，同时关注到了坪山河作为深圳城市河流的稀缺资源，必然可以吸引较多的游客前来，可以保留。

②绿道骑行健身线。

结合坪山区绿道网建设，打造骑行线路。

解读：与城市水岸休闲线一样切合当下实际，可以保留，但目前的骑行路网较为狭窄，覆盖面积不广，不能满足民众日益增长的需要，可适当拓展。

③蓝道特色体验线。

结合坪山多个水库，作为旅游休闲用地，并与绿道相连接。

解读：坪山的水库均为水源保护用地，开发难度较大，暂缓考虑。

④公共交通观光线。

在坪山主要公路建设巴士观光线路。

解读：巴士观光线路过长，全部用于旅游，财政负担较重，可以部分保留，在关键节点开通观光型接驳交通即可。

5.2 《坪山区全域旅游发展策略及近期实施计划》

全要素普查辖区内旅游资源，坚持以“三城一区三带”城区规划为引领，围绕坪山旅游资源优势和产业发展环境优势，建设旅游集聚区，培育核心驱动力，构建支撑全域旅游发展的合理空间结构。《坪山区全域旅游发展策略及近期实施计划》对坪山区旅游有了高屋建瓴的宏观规划，其所倡导的“集聚发展，项目驱动”理念对本轮规划有直接指导意义。

5.3 《深圳市坪山新区绿道网专项规划》(2014 年编制)

规划中近期绿道建设主要依托山水资源，远期绿道结合城市道路建设，近期规划绿道中沿坪山河干流和支流绿道、绿梓生态通廊绿道建议保留；马峦山绿道未成系统，且与城市道路联系较弱，建议完善；松子坑水库由于受水源保护相关政策影响，建议重新调整优化，纳入远期规划。

5.4 《坪山新区慢行交通系统规划及试点实施方案》(2013 年编制)

规划步行系统依托绿道串联了坪山河、马峦山、聚龙山、半月环等山水资源，然而马峦山、金龟以及客家建筑群等区域在慢行系统的连通性等方面考虑不足。自行车道网络依托规划道路划定，并依托坪山河划定了自行车休闲道，马峦山骑行考虑不足，建议加强。

6 空间规划解决方案

6.1 规划目标

6.1.1 总体目标

规划的总体目标是通过资源整合，将坪山区的旅游资源做成有吸引力的空间组团，提升坪山区的旅游吸引力和旅游服务质量。最终达到的规划目标是推动坪山率先建成“深圳居民休闲度假重要目的地、深圳旅游产业转型升级先行区”。

6.1.2 具体规划目标

（1）空间整合换取增量。

坪山区旅游资源较为分散，而且特定的旅游用地比较稀缺，所以最迫切的是空间整合，以换取资源增量。

（2）功能提升服务旅游。

坪山区受制于旅游服务质量较低，旅游区块相对而言功能不太丰富，游客来了留不住，所以旅游空间规划的目标之一是将地块功能提升，进而为旅游发展提供帮助。

（3）多维空间协调发展。

坪山旅游资源丰富，有山、水、城等多样资源，然而坪山旅游的发展主要集中在马峦山上，没有将山上山下的空间相结合进行立体发展，这也是本轮规划需要解决的主要问题。

（4）旅游空间形态多样。

旅游空间可以是一个大的组团，也可以是一个小镇或者其他相应的空间形态，空间的多样性可以增强整个规划区的旅游吸引力。

为实现以上规划目标，对规划区空间进行再组织，确立规划区内部空间结构，界定与中心城市的空间关系。根据现有产业空间和城市形态，并结合未来城市发展目标及城市旅游发展要求，合理进行规划区的功能布局，为规划区的可持续发展提供空间组织依据。

6.2 规划原则

6.2.1 规划先行，保护优先

坪山有较好的生态旅游资源基底，要保护好这些资源，高起点、高水平规划建设。坚持规划先行、保护优先的原则，实现生态保护与现代旅游开发的有机融合。

6.2.2 集聚发展，项目驱动

坪山区的旅游资源较多，但许多“禀赋”良好的资源在空间上较为分散，形成不了合力。这要求我们在选取资源的时候兼具资源“禀赋”与区位，优先开发资源禀赋优越并且资源集中的项目，集聚发展，项目驱动，这样才能较快形成坪山旅游的发展引擎。

6.2.3 品牌引领，“引爆”市场

马峦山和坪山河是坪山区的生态基底，也是坪山旅游的发展重点。坪山旅游开发不适合多点“开花”，而应该以马峦山和坪山河为核心，首先开发精品景区，引入精品项目，“引爆”市场，使坪山旅游驶入快车道。

6.2.4 空间共用，功能兼容

坪山区的经济发展非常迅速，所以大部分的用地已经被工业或商业用地占据。如果要重新开辟一块旅游用地，较为困难。然而城市旅游中并不需要特定的旅游用地，可以与其他产业齐头并进，共用空间，让空间兼具旅游与产业功能，达到空间共用，功能兼容。

6.3 规划思路

6.3.1 保护与利用相结合

文保单位和自然保护区严格按照省、市、区制定的保护办法进行保护，其他资源结合综合评价结果、政策限制条件等分析，择优开发。

6.3.2 整合资源，引导空间集聚发展

整合旅游资源，形成若干集聚的主题功能区，引导旅游空间集聚发展。

6.3.3 以项目促布局

瞄准重要旅游资源，通过重点项目来推动旅游空间高效开发、拓展、延伸，进而带动一般旅游资源开发。

6.4 规划手段

6.4.1 通过资源梳理，提炼坪山旅游品牌

通过对整个坪山区旅游资源的梳理，摸清坪山区旅游“家底”，找出坪山区旅游资源中最为人所知、吸引力最强的资源，加以提炼，形成坪山的旅游品牌。

6.4.2 通过空间整理，优化坪山旅游空间

坪山旅游资源较为分散，大多都默默无闻，许多能够发挥旅游职能的空间地块被闲置或废弃，所以本轮规划需要对整个坪山区进行空间整理，整理出能够发展旅游的地块，从而优化坪山旅游空间。

6.4.3 通过空间关系，配置坪山旅游产业

通过地块之间的空间关系，将旅游资源与其他产业协调发

展，配置好旅游产业的相关配套产业。

6.5 规划方法

6.5.1 “快、慢”结合

通过快捷的大交通和内部小交通相结合，使游客进得来、出得去。通过慢行系统等一系列“慢游产品”的设计，使游客能够充分享受坪山的慢生活。

6.5.2 “动、静”相宜

本规划将设计从运动型到疗养型等多种动静相宜的产品，以满足更多目标客群的需求。

6.5.3 “黑、白”互动

为改变游客在坪山过夜率不高的现状，本规划将设计一系列夜游产品，作为白天旅游产品的有益补充，以延长游客在坪山的滞留时间。

6.6 规划定位

6.6.1 坪山区旅游形象整体定位

坪山区旅游形象塑造的关键是挖掘并塑造鲜明的区域性整体旅游形象。坪山区的旅游形象，从资源到功能，最终应浓缩为一种态度，即一种多维的健康理念与生活态度。根据坪山区旅游形象要素提炼的分析结果，可以提取“都市休闲”“休闲养生”“康体运动”“慢体验”等作为基本要素，对坪山区的旅游形象进行总体定位。将上述基本要素结合起来，可将坪山区旅游形象总体定位为：

融休闲、养生、康体、运动于一体的，深圳及周边城市休闲度假旅游目的地。

其中，休闲、养生、康体、运动，从功能与内容定位突出了坪山区旅游发展的核心吸引力；追求健康、慢体验及养生诠释旅游发展的内涵，是身心的提升，是一种生活态度，而非纯粹功能指向；养生健康品质的休闲度假旅游目的地则指出了坪山旅游的发展目标与方向。

6.6.2 区域整体旅游形象宣传口号

口号以其高度概括性使人们在尽量短的时间内产生形象化的联想，对品牌、形象、行为的传播十分重要。旅游宣传口号的目的是对核心吸引的展示，对受众注意力的瞬间捕捉，并在受众心中留下深刻的、难以忘记的印象。而形象塑造的宗旨是使人们意识到坪山区是具有浓郁城市休闲情调、独特的户外运动和休闲度假体验的特色城市周边旅游休闲区。参考国内外知名旅游目的地形象宣传口号设计的角度、方法和语言形式，根据坪山区旅游发展的情况及其旅游资源的特色，规划组提出区域整体形象口号设计方案“悠然见坪山”。

该口号基于坪山区资源特色和市场需求而提出，融合了“两山理论”，直接点出坪山区休闲发展的主旨，暗合陶渊明“悠然见南山”的审美情趣。同时指出了坪山区最大的旅游吸引物——马峦山。

该口号形象突出，读来亦朗朗上口，以中国传统语言风格传递坪山区的旅游形象。

6.7 优先保护的资源

6.7.1 人文历史资源

依据文物保护管理相关办法，按照《坪山新区文化遗产保护与利用策略研究》所划定的核心保护范围、建设控制地带，对坪山 10 处文保单位与 16 处其他优秀历史建筑进行保护。

(1) 文保单位。

坪山一共有 10 处文保单位，其中 2 处省级文物保护单位、2 处市级文物保护单位、6 处区级文物保护单位，见表 6－1。

表 6－1　坪山文保单位一览

序号	名称	年代	保护级别	保护建议
1	龙田世居	1837 年	省级	保护性开发
2	大万世居	1791 年	省级	保护性开发
3	文武帝宫	清代	市级	修缮保护

续　表

序号	名称	年代	保护级别	保护建议
4	前进报社旧址	清代晚期	市级	修缮保护
5	庚子首义旧址	1900 年	区级	保护性开发
6	洪围	1691 年	区级	修缮保护
7	新乔世居	1753 年	区级	修缮保护
8	曾生故居	清代	区级	修缮保护
9	曾太母墓	1831 年	区级	修缮保护
10	李氏族冢	1911 年	区级	修缮保护

（2）其他优秀历史建筑一共 16 处，见表 6－2。

表 6－2　　坪山其他优秀历史建筑一览

序号	名称	社区	保护建议
1	嘉绩世居	碧岭	修缮保护
2	丰田世居	六联	修缮保护
3	坪环仕泰公祠	坪环	修缮保护
4	盘龙世居	老坑	保护性开发
5	龙湾世居	龙田	修缮保护
6	长田世居	秀新	修缮保护
7	城肚内围	秀新	修缮保护
8	光祖学堂	秀新	修缮保护
9	长隆世居	金沙	保护性开发
10	廻龙世居	金沙	保护性开发

续 表

序号	名称	社区	保护建议
11	青排世居	金沙	保护性开发
12	荣田世居	金沙	修缮保护
13	颐田世居	沙田	修缮保护
14	叶氏宗祠	田心	修缮保护
15	五岭侨苑	金沙	修缮保护
16	田心学校	田心	修缮保护

6.7.2 自然生态资源

田头山市级自然保护区于2013年获市政府批准建立，保护区规划面积约为20平方千米，与马峦山郊野公园以及大鹏半岛自然保护区相邻。田头山市级自然保护区按功能被划分为核心区、缓冲区、实验区。

核心区是自然保护区内保存完好的天然状态的生态系统以及珍稀、濒危动植物的集中分布地，面积约为929.3万平方米。禁止任何单位和个人进入，因科学研究需要，必须进入核心区观测、调研活动的，应当事先向保护区管理机构提交申请和活动计划，经批准后才可进入。

缓冲区为为保护核心区不受外界的干扰和破坏，保护植被发育而在核心区周围划出的一定面积的区域，面积约为543.5万平方米。区域内只准从事科学研究活动，禁止开展旅游和生产经营活动。

实验区在缓冲区外围，面积约为534.5万平方米。区域内可以进行科学实验、教学实习、参观考察、旅游以及驯化、繁殖珍稀濒危野生动、植物等活动。

按功能划分田头山市级自然保护区，见图6-1。

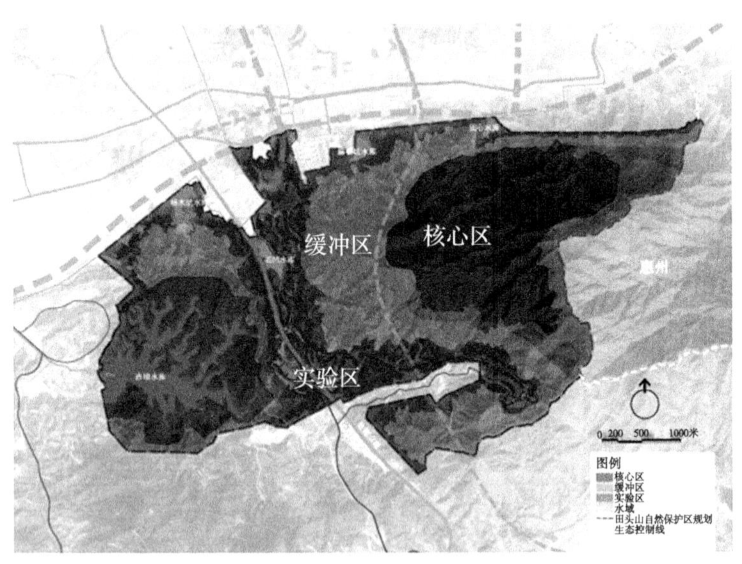

图6-1　按功能划分田头山市级自然保护区

6.8　空间布局整体框架

6.8.1　整体框架——“一环、六区、七节点”

空间布局资源开发依据，见表6-3。

表 6－3　　　　空间布局资源开发依据

资源类型	主要资源	保护现状	保护建议
生态康养资源	碧岭瀑布群、上下肚群峦山谷、径子村风水林、碧岭涌泉塘、打鼓岭、梅园、八寨沟、两河交叉口、红花岭水库上库、响水林场、金龟河十里水翁林带、庵坑瀑布、聚龙山、沙田古樟林、燕子岭生态公园、坪山河湿地	基本为原生状态，个别资源已有开发	在遵守《深圳市基本生态控制线管理规定》［深圳市人民政府令（第 145 号）］和《深圳经济特区饮用水源保护条例》（2012）的前提下，适当开发
工业旅游资源	比亚迪厂区、赛格三星旧厂址	比亚迪厂区提供有限参观服务。赛格三星旧厂址的三个标志性大烟囱参观游客极少	以比亚迪工业旅游开发为主
红色旅游资源	强华学校、庚子首义旧址、东江纵队纪念馆、曾生故居、田心老围、荫本学校、水源世居	除东江纵队纪念馆外，普遍破损严重	保护、修缮，适当活化

续　表

资源类型	主要资源	保护现状	保护建议
休闲农业资源	绿梓农庄、田作农园、半坝农园、金成农园、光背农园、汤坑溪谷、金龟天然农场	有基本农业生产	在遵守《深圳市基本农田保护区管理办法》［深圳市人民政府令（第267号）］和不改变用地性质的前提下，可适当发展都市休闲农业
文化旅游资源	大万世居、龙田世居、青排世居、长隆世居、廻龙世居、挺香侨苑、南中学校、龙湾古村、秀新古村、谭仙庙、国兴寺、华谊兄弟文化城、鹏茜国家矿山公园、圆山寺、田心太子庙、占米文化以及其他100多处不可移动文物	大万世居有少许利用，南中学校旧址已建为“城市书房”，国兴寺香火较旺，其他大部分资源处于待开发或一锁了之的状态	在遵守《广东省文物保护单位“四有”工作规范》（2009）和《广东省实施〈中华人民共和国文物保护法〉办法》（2009）的前提下，适当修缮并活化

依据坪山5类旅游资源空间分布与发展特色，首先打造“环城游憩带”。ReBAM（环城游憩带）这个概念由吴必虎教授于1998年首次提出。实际上指发生于大城市郊区，主要为城市居民光顾的游憩设施、场所和公共空间，特定情况下还包括位于城郊的外来旅游者经常光顾的各级旅游目的地，一起形

成的环大都市游憩活动频发地带，简称为环城游憩带。目前国际上著名的城市均有一条环城游憩带。如伦敦、巴黎、中国广州等，坪山区则正好处于深圳市的环城游憩带上。

“六区”则是在《深圳市坪山新区旅游发展总体规划(2014—2020年)》中“三区”基础上更加细化的六区。围绕六区，本轮规划主要推动七大项目的建设。故总体布局框架为“一环、六区、七节点”。

6.8.2 框架解析

(1) 一环——“钻石休闲环”。

围绕着马峦山、休闲农庄以及北部生态绿道线打造坪山休闲环，这个环正处于深圳市的环城游憩带上，同时休闲环内基本囊括了坪山的大部分旅游资源，见图6-2。

图6-2 钻石休闲环

（2）六区（见图6－3）。

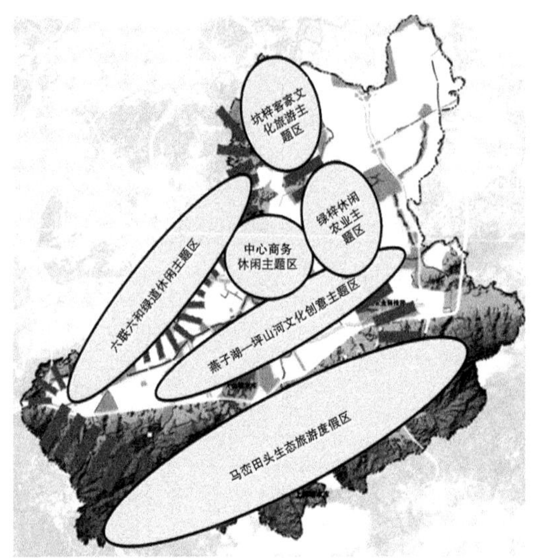

图6－3　六区示意

六区及其项目安排，见表6－4。

表6－4　　六区及其项目安排

功能分区	资源类型	重点项目	优先级别
马峦田头生态旅游度假区	生态康养	马峦山休闲系统（慢行＋运动）	优先
	生态康养	金龟康养	优先
	红色旅游	红色旅游	优先
	生态康养	碧岭水文化休闲区	次优
燕子湖—坪山河文化创意主题区	文化旅游	燕子湖—坪山河夜游	优先
	文化旅游	大万世居环境提升	优先
	工业旅游	比亚迪厂区工业旅游	优先

续 表

功能分区	资源类型	重点项目	优先级别
绿梓休闲农业主题区	休闲农业	农业绿道休闲体	优先
	休闲农业	国家农业公园	次优
坑梓客家文化旅游主题区	文化旅游	龙田世居环境提升	次优
	文化旅游	金沙围屋环境提升	次优
六联六和绿道休闲主题区	生态康养	六联六和绿道改造	次优
中心商务休闲主题区	文化旅游	配套中心区休闲相关产业	次优

（3）七节点。

依照坪山的资源优势与市场需求，坪山休闲环主要通过七个主题项目进行支撑，分别是休闲、文化、康养、绿能、红色、农业、夜游。

①休闲坪山——马峦山休闲项目。

- 位置：马峦山、田头山。
- 资源：马峦山、田头山上的旅游资源，包括山上运动资源。
- 面积：约 48 平方千米。
- 级别：优先。

②文化坪山——大万世居文化旅游提升项目。

- 位置：大万世居、龙田社区、金沙社区。
- 资源：大万世居/金沙古村三大世居/龙田文旅小镇。

• 面积：约 5 平方千米。

• 级别：优先。

③康养坪山——金龟康养项目。

• 位置：金龟村。

• 资源：天然农场/响水林场/金龟河十里水翁林带/金成农园/同石民宿/坪头岭民宿/聚龙山。

• 面积：3.58 平方千米。

• 级别：优先。

④绿能坪山——比亚迪工业旅游项目。

• 位置：比亚迪公司。

• 资源：比亚迪公司总部（比亚迪厂区）。

• 面积：约 3 平方千米。

• 级别：次优。

⑤红色坪山——红色旅游项目。

• 位置：马峦山及市区。

• 资源：庚子首义旧址/曾生故居/东江纵队纪念馆/田心老围/荫本学校/水源世居。

• 面积：约 0.025 平方千米。

• 级别：次优。

⑥农业坪山——绿梓都市农业休闲综合体项目。

• 位置：绿梓大道两侧。

• 资源：基本农田等资源。

• 面积：约 6 平方千米。

• 级别：次优。

⑦夜游坪山——坪山河风情游项目。

- 位置：坪山河流域。
- 资源：坪山河/燕子湖/华谊兄弟文化城/鹏茜国家矿山公园等资源。
- 面积：约60平方千米。
- 级别：优先。

7 空间重点项目规划

7.1 马峦山休闲系统

7.1.1 项目的目标及意义

（1）项目意义。

马峦山是目前坪山区游客数量最多、评价最高的旅游目的地。依据在坪山区所做的游客调查并进行综合考量（调查结果如图7－1所示），未来坪山区旅游需要康体运动以及生态疗养类型的项目，所以马峦山应该着重打造与运动有关的项目。另外，马峦山大部分山区在自然保护区范围内，不能进行大规模的开发，所以应该在马峦山可以开发的区域打造动土规模较小的轻运动系列项目。

（2）项目目标。

在综合马峦山地区前期规划基础、充分了解马峦山资源条件及发展趋势、践行马峦山总体解决方案的基础上，马峦山区域慢行系统总体规划的目标：着重突出马峦山“山海一体”的特征，打造深圳最有特色的郊野慢行系统和郊野运动系统。

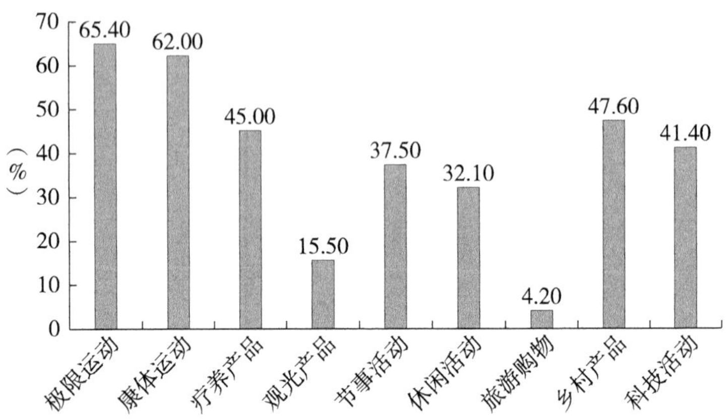

图 7－1　坪山游客未来旅游需求调查结果

7.1.2　项目原则

（1）保护为主，合理利用。

时刻强调生态保护处于第一位，在充分保护的基础上，合理利用现有的资源从而保障规划目标能够顺利实施。马峦山上分布了七个饮用水源保护区、一个田头山自然保护区（市级），以及丰富的野生动植物资源，是坪山发展不可或缺的生态基底。同时，马峦山上有大量优良的景观资源，本规划必须在做好上述资源保护的基础上，利用好马峦山良好的景观资源和现有道路条件，构建串联自然景区、人文景区和城市的开放空间，形成集生态保护功能与郊野旅游休闲功能为一体的慢行网络。

（2）近期与中长期发展相协调原则。

规划区域包含了两个市级郊野公园、一个市级自然保护区、光背空地（三九地块）、金龟社区等片区，涉及的相关规划有十几个。慢行系统规划必须与上述地块的规划相衔接，在满足近期旅游需求的基础上，协调好中长期的规划需要，保证规划的可实施性。

（3）重视现实需求，完善配套设施。

目前马峦山的旅游人数增长得很快，故而旅游设施、慢行道路、服务设施严重不足的问题随着旅游人数的增加逐渐显露出来。本规划必须立足于游客的现实需求，从郊野徒步、山地骑行、景区安全管理三方面着手，构建慢行路网系统和相关配套设施。

（4）充分利用现有资源，遵循低冲击开发原则。

马峦山上原有许多村庄和道路设施，慢行系统规划可以充分利用这些设施进行改建，满足旅游功能需要。这样一方面可以减少建设成本，另一方面可以保护马峦山的生态环境。

7.1.3 郊野慢行系统规划思路

（1）规划原则。

郊野旅游是马峦山慢行系统的主要功能诉求。鉴于本规划区域面积大，若全面禁行机动车，不仅降低了景区的可进入性，对景区安全管理也会造成不利影响，因此需要在以下原则指引下规划机动车路网，具体原则如下。环保节能：机动车交通系统规划采用环保技术、重视节能，可以充分实现绿色建设。功能明确：道路功能明确，一定要先进行大规模的疏散再进行机动车道路规划；每一条机动车道路必须要在整个系统中承担综合的功能。主辅分明：主要的人流方向与次要的参观道路一定要事先明确，在机动车道路体系中也必须做到主辅分明。充分对接：马峦山区域的机动车道路必须能够与山下的市政道路充分对接。

（2）规划目标。

马峦山应当参考香港著名徒步线路——麦理浩径（见图7－2）的经验，发展属于深圳自己的慢行系统。麦理浩径就是马峦山慢行系统的打造目标。

图7－2　麦理浩径

麦理浩径徒步线路于1979年10月26日启用，全长100千米，横跨香港24个郊野公园中的8个。以西贡北潭涌为起点，绕过万宜水库，由东向西横贯新界，以屯门为终点。麦理浩径共分为10段，沿途有路标指示牌，每段都有报到处和休息处。麦理浩径的开发项目较少，只是将道路整合，再配以必要的配套设施，却是香港极受欢迎的旅游项目之一，麦理浩径的开发模式十分适合坪山旅游的开发。

（3）主要项目。

①骑行项目。

自行车骑行是马峦山郊野旅游的重要方式，也是慢行系统的主要组成部分，骑行项目见表 7－1。马峦山现有的自行车交通体系存在不少问题。线路零散：现有的骑行路段基本都是骑行者自己探索出来的，因此线路零散，未成系统。缺乏补给，缺少特色：零散的线路尚处于初期的探索，导致补给的缺乏以及特色的缺失。人车混行，存在安全隐患：由于现有的骑行线路组织无序、人车混行，所以埋下了许多安全隐患。未来应该在整合的基础上修整骑行线，实现骑行道与汽车道分离。

表 7－1　　　　骑行项目

线路名	经过慢行站点	长度（千米）	用时（小时）
一日穿越马峦山骑行线	碧岭—老围—庚子首义—罗屋—金龟—新塘	37.2	10～12
碧岭—庚子首义—黄竹坑一日游	老围、庚子首义、径子	21.1	5～6
碧岭—庚子首义—江岭一日游	老围、庚子首义、径子	24.9	5～6
碧岭—庚子首义—天峦半日游	老围、庚子首义、径子	19.8	3～4

②步行项目。

步行是马峦山郊野旅游慢行系统最重要的组成部分，是充分领略马峦山瀑布、水库、山海景观、古村、梅园特色的主要游览方式。马峦山区域现存的步行道路存在诸多问题。线路单一：多为单一的步行线路，单调而且乏味。存在安全隐患、缺少特色：主游线路的缺失以及导引的缺失导致安全隐患增多，徒步者无序走动、补给缺失。不仅如此，无序而杂乱的步行线路也给山上的管理带来了诸多不利。因此应该按照“建主线、构网络、增特色、添体验”的标准对步行道路体系进行重新规划，形成如表7－2、表7－3、表7－4所示的步行体系。另外，在步行项目的布局中，应该突出马峦山最有特色的“山海一体”特征。

表7－2　　东西穿越经典线路（1）

马峦山3天东西穿越线及安排				
时间	线路	长度（千米）	用时（小时）	途经景观及休憩点
第一天	最炫郊野线 碧岭至庚子首义	11.5	4～6	景观：碧岭文化广场、龙潭瀑布群、华侨城高尔夫景观、三洲田水库景观、茶溪谷山林美墅、老围古村风貌、世外梅园景观、庚子首义 休憩点：碧岭驿站、老围驿站、庚子首义驿站 住宿点：庚子首义附近民宿
第二天	最美山海线 庚子首义至金龟露营小镇	12.2	6～8	景观：庚子首义、马峦山瀑布、红花岭水库上库、罗屋、上下塘溪谷带、洞坳水库、高顶山观海、响水荔枝林、杨梅林、金龟露营小镇、金龟智慧谷 休憩点：高顶山景观亭、金龟露营小镇 住宿点：金龟露营小镇

续 表

马峦山 3 天东西穿越线及安排				
时间	线路	长度（千米）	用时（小时）	途经景观及休憩点
第三天	最酷生态线 金龟露营小镇至水祖坑	9.2	6~8	景观：金龟露营小镇、金龟智慧谷、田作、金龙山、新塘、深圳最美山水线 休憩点：新塘

表 7-3　东西穿越经典线路（2）

马峦山 2 天资深“驴友”东西穿越线及安排				
时间	线路	长度（千米）	用时（小时）	途经景观及休憩点
第一天	震撼泉瀑村郊野径 碧岭至红花岭水库下库	17.6	6~8	景观：碧岭文化广场、龙潭瀑布群、华侨城高尔夫景观、三洲田水库景观、茶溪谷山林美墅、老围古村风貌、世外梅园景观、庚子首义 休憩点：碧岭驿站、老围驿站、庚子首义驿站、罗屋驿站 住宿点：罗屋附近民宿
第二天	美丽山河海郊野径 红花岭水库下库至水祖坑	16.1	7~9	景观：马峦山瀑布、红花岭水库上库、罗屋、上下塘溪谷带、洞坳水库、高顶山观海、响水荔枝林、杨梅林、金龟露营小镇、金龟智慧谷、田作、金龙山、新塘、深圳最美山水线 休憩点：高顶山景观亭、金龟露营小镇

表7-4　　南北穿越经典线路（山海线）

马峦山南北穿越线				
线路名	经过慢行路段	长度（千米）	用时（小时）	途经景观及休憩点
山海一线	黄竹坑入口穿越马峦山至大梅沙	16.7 13.6	8~10 6~8	景观：榄核桥瀑布、上下肚水库、径子村、卦神山溪谷带、光背老村、万亩梅园、梅亭观海、大梅沙美景 休憩点：径子村、光背、大梅沙
山海二线	黄竹坑入口穿越马峦山至小梅沙	12.5 9.9	6~7 5~7	景观：榄核桥瀑布、上下肚水库、径子村、卦神山溪谷带、光背老村、万亩梅园、梅亭观海、小梅沙美景 休憩点：径子村、光背、小梅沙
山海三线	天峦湖入口穿越马峦山至大梅沙	11.1	5~7	景观：坪山雕塑艺术创意园、大山陂水库、大山陂公园、红花岭水库下库、马峦山瀑布、庚子首义、万亩梅园、梅亭观海、大梅沙美景 休憩点：天峦湖、庚子首义、大梅沙
山海四线	天峦湖入口穿越马峦山至小梅沙	15.2	8~10	景观：坪山雕塑艺术创意园、大山陂水库、大山陂公园、红花岭水库下库、马峦山瀑布、庚子首义、万亩梅园、梅亭观海、小梅沙美景 休憩点：天峦湖、庚子首义、小梅沙

续 表

马峦山南北穿越线				
线路名	经过慢行路段	长度（千米）	用时（小时）	途经景观及休憩点
山海五线	天峦湖入口穿越马峦山至溪涌	13.2	6～8	景观：坪山雕塑艺术创意园、大山陂水库、大山陂公园、红花岭水库下库、红花岭、罗屋、溪涌 休憩点：天峦湖、罗屋、溪涌
山海六线	江岭入口穿越马峦山至溪涌	13.7	6～8	景观：江岭绿道、水渠风光、红花岭水库下库、罗屋、溪涌 休憩点：江岭、罗屋、溪涌
山海七线	江岭入口穿越马峦山至土洋	10.7	6～8	景观：江岭绿道、水渠风光、红花岭水库下库、罗屋、高顶山、土洋 休憩点：江岭、罗屋、高顶山、土洋
山海八线	金龟社区入口至土洋	7	4～6	景观：金龟智慧谷、金龟露营小镇、响水荔枝林场、土洋 休憩点：金龟露营小镇、响水荔枝林场、土洋

③驿站布局。

驿站系统是慢行系统配套服务设施的集中节点，其规划布局需要综合考虑主要人流线路及城市交通系统的衔接关系。驿站承担绿道管理、售卖、自行车租赁等综合服务、停车场、交通换乘等方面功能，应依托游客主要入口、聚集地、村庄进行建设。驿站系统主要分为一级驿站、二级驿站、休憩点三种。

- 一级驿站。

包含设施：小卖部、医疗急救包、公厕、休息廊、停车场、自行车租赁、地图信息牌、旅游咨询台。

设置原则：主要入口及游客聚集处，间隔5~8千米有一个。

- 二级驿站。

包含设施：小卖部、医疗急救包、生态公厕、休息廊、自行车棚、信息牌。

设置原则：主游线的游客聚集处，间隔2~5千米有一个。

- 休憩点。

包括设施：观景亭、观景台。

设置原则：根据景观较好的地点及游客需求设置相应的休憩点。

本规划的驿站系统主要由4个一级驿站、8个二级驿站和30个休憩点组成（见图7-3）。

休憩点是根据景观较好的地点及游客休息需求进行设置。休憩点包括：观景亭、观景台。休憩点位置根据景观较好的地点及游客休憩需求设置。其中水库及溪水周边多以观景台为主，主要是为了增加景观层次，增添水景乐趣。而在山腰及山顶处多以观景台为主，为了方便游人休息以及远眺。例如，红花岭

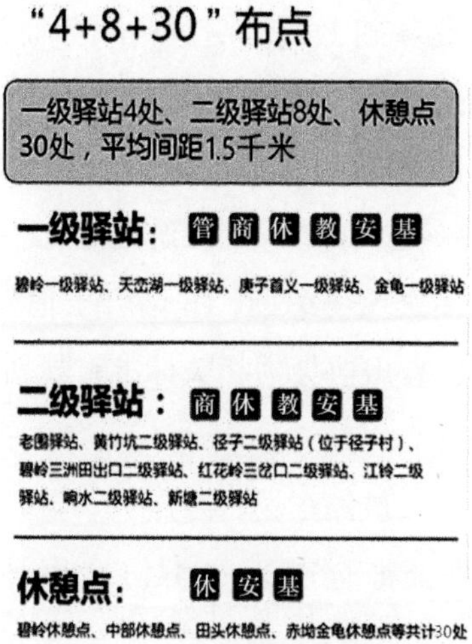

“4+8+30”布点

一级驿站4处、二级驿站8处、休憩点30处，平均间距1.5千米

一级驿站： 管 商 休 教 安 基

碧岭一级驿站、天峦湖一级驿站、庚子首义一级驿站、金龟一级驿站

二级驿站： 商 休 教 安 基

老围驿站、黄竹坑二级驿站、径子二级驿站（位于径子村）、碧岭三洲田出口二级驿站、红花岭三岔口二级驿站、江岭二级驿站、响水二级驿站、新墟二级驿站

休憩点： 休 安 基

碧岭休憩点、中部休憩点、田头休憩点、赤坳金龟休憩点等共计30处

图 7－3 休闲驿站系统组成

观景台（30 号观景台）位于红花岭水库上库西北向山顶处，此处是远眺坪山区全貌及红花岭水库上下库的上佳位置，还具备以下优势。

- 距主车行道直线距离约 220 米，交通便捷。
- 远离高压走廊，避免安全隐患。
- 地势较为平缓，登山道工程易于实施。

同时，本研究中充分利用已有的设施设备进行复核性功能的运用，将配套站点自行车租赁点等与驿站系统结合，一方面能够加强管理，另一方面增加了设施的利用频率与程度，可谓一举多得。

④特色活动。

近年来，坪山承办了如 WTA（女子网球联合会）、ATP（职业网球联合会）、ITF（国际网球联合会）等一系列国际知名赛事，如能在此基础上因地制宜，顺势而为推出“马峦山国际山地马拉松大赛”，并把该赛事打造成为“坪山制造”的体育休闲精品，使其成为坪山的一张体育赛事名片，定能加速坪山休闲产业的腾飞，助力深圳旅游国际化。

课题组经过多次现场踏勘，并结合土地权属、路面条件、坡度要求以及中国登山协会的相关标准，规划出一条马拉松线路，详情如下。

起点——碧岭入口停车场；终点——新塘广场。

- 适用标准：符合中国登山协会山地马拉松的相关标准。

- 主要特点：单向，无回环，旅游资源多，山海体验强，土地权属无争议，线路爬升累计 1772 米，硬化路面比重较小，符合中国登山协会标准，适合举办国际性山地马拉松赛事。其中个别路段需要修建，其余道路现状条件较好。

- 主要设施：根据地形特点与运动需求，沿途设置碧岭、新塘等 17 个站点，站点平均距离不超过 2.5 千米，涵盖救护、补给、降温等基本设施。

（4）慢行系统用地保障。

道路网络建设需要根据规划要求，对比原有道路条件，设定相应工程措施。道路工程落实为四类措施：沿用、拓宽、修整、新增。路段编号所代表具体路段及其情况如表 7－5 所示。

表 7－5　慢行系统用地保障

区域	道路编号	长度	现状	规划	工程措施
A 区域（碧岭片区）	A1	891 米	双车道混凝土道路，宽 6.5 米	沿用	划分机动车道与非机动车道
	A3	2327 米	双向两车道市政道路，宽 6.5 米	沿用	市政道路；无工程措施
	A4	5112 米	双向两车道市政道路，宽 6.5 米	沿用	市政道路；无工程措施
B 区域（中部片区）	B3	3121 米	区级绿道。单车道混凝土路，部分道路需拓宽，宽 3.5 米	单车道混凝土路，6.5 米，有路灯、栏杆	拓宽；划分机动车道、自行车道和人行道
	B4	1618 米	单车道混凝土路，宽 3.5 米	单车道混凝土路，6.5 米，有路灯、栏杆	拓宽；划分机动车道、自行车道和人行道
	B6	1678 米	双车道混凝土路，宽 6.5 米	沿用	无工程措施

续 表

区域	道路编号	长度	现状	规划	工程措施
B 区域（中部片区）	B9	2631 米	比亚迪路交接口至天峦湖段路宽 6.5 米，天峦湖至马峦山西门段路宽 3.5 米	双车道混凝土路，6.5 米，有路灯、栏杆	局部拓宽（从天峦湖至马峦山西门约 500 米）；划分机动车道、自行车道和人行道
	B10	1828 米	混凝土路，宽 3.5 米，单车道，会车困难	单车道混凝土路，宽 6.5 米，有路灯、栏杆	拓宽；划分机动车道、自行车道和人行道
	B11	2154 米	江岭街为市政道路，双车道，基本满足需求	沿用	市政道路；无工程措施
C 区域（坪葵路以西的赤坳、金龟片区）	C3	388 米	新修市政道路，双向车行道，路宽 4.5 米，路况较好	沿用	市政道路；无工程措施
	C4	2728 米	双车道，道路宽 6.5 米，混凝土路，路况较好	沿用	市政道路；无工程措施

续 表

区域	道路编号	长度	现状	规划	工程措施
D 区域（坪葵路以东的金龟田头山片区）	D1	2757 米	单车道，路宽 4.5 米，路况较好	沿用	市政道路；划分机动车道、自行车道和人行道
	D2	6434 米	土路，路况较差，宽 4.5 米	单车道混凝土路，宽 4.5 米	修整，新铺混凝土路面，划分机动车道、自行车道和人行道
	D3	4290 米	双向车道，道路宽 6.5 米，混凝土路，路况较好	沿用，划线	市政道路；划分机动车道、自行车道和人行道

①沿用。

原有道路条件较好，基本符合规划要求，可以沿用原有道路设施。

②拓宽。

现状道路宽度不足，不符合规划要求，需要拓宽、增加道路设施。

③修整。

现状道路路面条件太差，不符合规划要求，需要做路面改造、修整、增加道路设施。

④新增。

现状道路为巡山道或护林道，道路基础条件极差，不符合规划要求，需要新建道路、增加设施。

7.1.4 马峦山郊野运动系统规划

（1）规划原则。

郊野运动是马峦山未来游客的主要功能需求。鉴于本规划区域大部分在自然保护区内，没有办法做大规模的开发建设，同时大规模开发建设会破坏山地的宁静氛围，具体原则如下。少动土原则：基本依托现有的空地与山体进行规划。主辅分明：主要的人流方向与次要的参观道路一定要事先明确，在机动车道路体系中也必须做到主辅分明。充分对接：马峦山区域的机动车道路必须能够与山下的市政道路充分对接。

（2）规划目标。

马峦山可以参考世界上最著名的山地旅游地之一——新西兰皇后镇的先进经验，发展属于深圳市自己的郊野运动系统，见图7-4。皇后镇就是马峦山运动系统未来的打造目标。

皇后镇是新西兰的“探险之都”，在这座高山度假名镇，你会发现有一大堆有趣的事情等着你去尝试。在皇后镇附近世界一流的滑雪场感受雪上运动的魅力；体验蹦极与喷射快艇的惊险与刺激；参加美食与葡萄酒之旅大饱口福。皇后镇常被人们誉为新西兰的“探险之都”，每年都有上万名的游客慕名前来此地观光旅游。

图 7－4　皇后镇的体育旅游

皇后镇除了是世界上公认的“探险之都”外，山地运动是其最大的旅游特色。随着世界经济的发展，皇后镇所倡导的

“健康生活”方式，越来越受到世界游客的欢迎。马峦山完全有机会打造成为中国的皇后镇。

（3）主要项目——新民运动公园。

拓展运动与冒险运动是马峦山郊野运动的重要方式（见图7－5），拓展运动主要依托马峦山的山体，设置不需要太多设备的滑索、涉溪等活动即可。目前马峦山几乎没有相应的运动设施，所以未来应该在合适的地区打造拓展运动。建议依托三九地块的西面山地缓坡以及新民村打造拓展公园区。

图7－5　马峦山拓展运动公园概念图

三九地块（三九集团用地）资源状况良好，有大片空地可以作为运动公园使用。而这块土地则可以作为山地冒险公园进行开发（见图7－6），作为马峦山运动系统的极大补充。

图7－6 马峦山冒险公园概念图

7.1.5 项目推进计划

项目推进计划见表7－6。

表7－6　项目推进计划

<table>
<tr><th rowspan="2">项目名称</th><th rowspan="2">子项目</th><th colspan="2">政策法规及相关内容概述</th><th rowspan="2">本项目和法律法规的适应情况</th><th colspan="3">实施建议</th></tr>
<tr><th>法规名称</th><th>内容概述</th><th>投资（万元）</th><th>用地</th><th>配套</th></tr>
<tr><td rowspan="2">马峦山休闲系统</td><td>慢行系统</td><td>《深圳市基本生态控制线管理规定》</td><td>第十条　除下列情形外，禁止在基本生态控制线范围内进行建设：（一）重大道路交通设施；（二）市政公用设施；（三）旅游设施；（四）公园</td><td rowspan="2">没有重大建设，不触犯相关法规</td><td>21612</td><td>市政道路，局部修改，建议马峦山郊野公园管理权尽快移交区政府</td><td>山上以农家乐为主，住宿在山下</td></tr>
<tr><td>运动系统</td><td>《深圳经济特区饮用水源保护条例》（2012）</td><td>在饮用水源保护区和准保护区内必须遵守下列规定：（一）禁止新建、改建、扩建印染、造纸、制革、电镀、化工、冶炼、炼油、酿造、化肥、染料、农药等生产项目或者排放含国家规定的一类污染物的项目和设施</td><td>1000</td><td>三九集团用地，可以建设少量旅游设施</td><td>山上以农家乐为主，住宿在山下</td></tr>
</table>

7.1.6 项目配套设施规划

项目配套设施规划见表7－7。

表7－7　配套设施规划

现已开发	名称或数量	地理位置
饮食	农家乐	马峦山古村
住宿	少量旅馆	碧岭
停车场	少量停车场	碧岭
规划开发	名称或数量	地理位置
饮食	特色农家乐50家	马峦山古村
住宿	特色民宿床位3000张	碧岭、汤坑
停车场	1000个车位	碧岭、汤坑

7.2 大万客家文化旅游项目

7.2.1 项目的意义及目标

（1）项目意义。

客家人最早在宋元时期进入深圳，当时客家人村落比较少，如福田梅林、宝安的石岩、观澜、龙华、布吉、大鹏等地一些村庄。客家村落稍有一点规模是在明代中晚期，如俗称的横（岗）龙（岗）坪（山）葵（涌）地区。龙岗赖姓和坪地萧姓等就多是此时期迁至当地。客家人大量迁入深圳是在清朝初年，从嘉应州（今梅州市）和惠州府（今惠州市）来的极多，移民大潮持续到嘉庆年间。嘉应州与惠州府在深圳的东北方，所以客家移民进入深圳后以龙岗区、盐田区、龙华区、坪山区为其集中的居住区。客家文化是深圳坪山区的文化基底之一，打造客家文化项目才能最大限度表现坪山特色。

大万世居坐落于深圳市坪山区大万路 33 号坪环社区西南的客家村，为古堡式客家围龙屋建筑。建于清乾隆年间，规模宏大，占地 2.5 万平方米。其平面呈方形，四角建有炮楼，正面有大六楼，均为高高的围墙相连，围墙上有走马廊相通。围龙屋大门向南，门楼上塑有“大万世居”4 个大字。大门前为禾坪，再往前是月形池塘，禾坪侧仍保留有旗杆石。大万世居曾居住着 100 多户人家，具有 200 多年的历史，由于围屋保存完好，具有较高的文化艺术价值，大万世居是深圳市重点文物保护单位，2002 年被列为省级文物保护单位，并成立了大万世居客家民俗文化博物馆。因此，大万世居是坪山区保存最为完好，也最有文化价值的客家旅游资源，应该以它为龙头开发，另外可选取一些能够与大万世居相配合、有开发价值、符合开发条件的围屋共同发展。

（2）项目目标。

在本轮规划中，大万客家文化项目的目标如下。

以大万世居为核心，结合龙田和金沙，打造深圳最大的客家文化体验地；

结合坪山城市更新打造“新 + 旧”文化休闲地；

整合周边，发展旅游商业。

7.2.2 大万客家文化项目规划

（1）规划原则。

大万世居是曾姓家族居住、生活和工作的地方，保留了许多客家人珍贵的历史民俗遗物和文化精粹。身临其中，让人感受到一种浓郁的客家文化氛围，体验客家人的生活习俗，可以说它承载的是一部客家近代史，是展现客家文化的生动活化石。大万世居的规划范围由大万世居及周边民居组成，包括坪山河及其支流所包围的区域。大万世居作为客家民居保护良好，目前已经经过一轮整修，但周边民居产权复杂，建筑外观风格不一，需要进行改造，见图7－7。

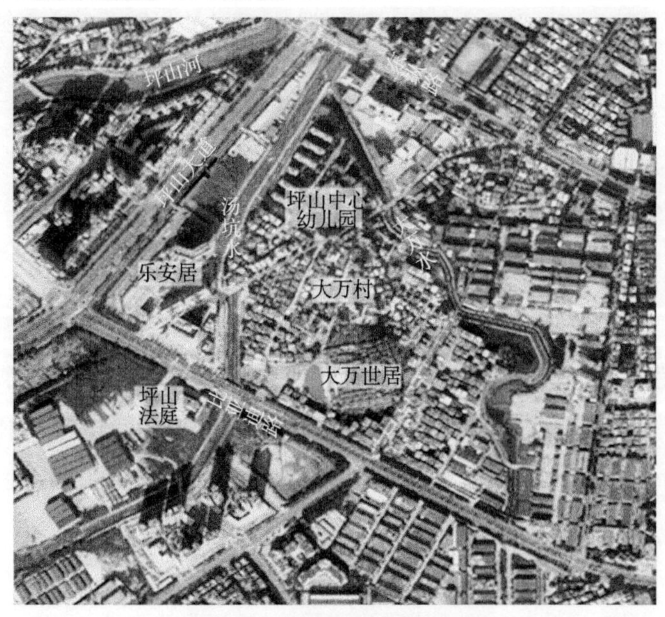

图7－7 大万世居范围与现状

图 7－7　大万世居范围与现状（续）

因此，大万客家文化项目的规划原则应以保护为主，整合开发。首先将大万世居内部整修完好。其次依据省级文物保护的相关规定进行周边建筑控制，对大万世居周围 80 米范围以内的民居进行清退。最后以大万世居为中心逐级改造，逐渐形成成熟的旅游景区。

（2）规划目标。

大万世居是典型的客家围屋，正门开阔，有月形池塘，符合大户宅院特质。围屋由牌楼，钟楼，角楼，横屋，围屋，魁星楼；上、中、下堂等组成，是一个几近规则的正方形楼形。

目前国内如同大万世居这样的都市内民居有多处，但未出现较好的开发案例，新加坡的牛车水作为城市中的文化街区项目，有一定的参考意义，未来可以考虑将牛车水作为大万世居开发的标杆。

牛车水（Chinatown）是指新加坡唐人街，如图 7 - 8 所示。当时的新加坡唐人街没有自来水，牛车运水的情景在唐人街非常普遍，便称新加坡唐人街为牛车水。现在的牛车水是新加坡华人聚集最多的地方，拥有中国各地的小吃，是在新加坡的华人非常喜欢的地方。夜市的牛车水灯火辉煌，有点像中国的庙会。如今的牛车水是现代购物中心，是新加坡旧城改造的成功典范。

（3）项目分区——三坊布局。

牛车水汇集了一些著名的宗教地标建筑，其中还能看到印度庙宇和回教堂的身影，与四周的中式建筑相映成趣。位于桥南路的马里安曼兴都庙（Sri Mariamman Temple）和詹美回教堂（Jamae Mosque），是新加坡古老的朝圣地点，沿着这条路向前步行数步，可看到壮观宏大的新加坡佛牙寺龙华院（Buddha Tooth Relic Temple），寺中供奉着珍贵的佛牙舍利。除了牛车水大厦（Chinatown Complex）和麦士威路熟食中心（Maxwell Food Centre），美食爱好者们很喜欢前往牛车水的主要街道之一——史密斯街（Smith Street）。因此，以牛车水为标杆，我们将大万世居从内到外分为三坊，见图 7 - 9，分别对应文化、购物与休闲区域。

图 7－8　新加坡牛车水

- 大万世居：以大万世居为依托，打造客家文化博物馆以及客家文化展示街区。

- 新村乐坊：依托大万周边民居，打造与客家文化相关的商品，主打创新创意。

- 缤纷水坊：依托两水交界处，打造缤纷水坊。

■ 大万世居：
城市中心区的历史记忆

■ 新村乐坊：
客家文化购物天堂

■ 缤纷水坊：
客家滨水休闲中心

图7－9　大万世居三坊改造示意

（4）主题活动。

可以在大万世居开展以“客家文化”为主题的活动，活动的主题可以表现客家人在深圳的日常生活，也可以展示客家的非物质文化遗产（见图7－10）。

活动以保留非遗项目特点为主，挖掘非遗项目最美的地方展现给观众。适当加入时尚元素，既冲突又融合，既传承又创新。展示的目的是告诉大家客家非遗项目不仅非常有特色，还很适合各年龄层的人观看。“‘风情美了客家’集中展示非遗项目中传统技艺类别和民俗类别的项目；‘歌舞俏了客家’重点展示非遗项目中音乐、戏剧、舞蹈等方面的项目；‘舌尖醉了客家’顾名思义，展示的是非遗项目中与客家饮食相关的项

图 7－10　大万世居主题活动示意

目；‘灯火红了客家’涵盖‘灯’与‘火’两个部分的内容。”每一篇章中，让儿童用客家话童谣唱出非遗项目进行串联。

7.2.3　金沙博物馆群项目规划

（1）规划原则。

金沙博物馆群项目由坑梓金沙及周边民居组成，包括金沙的三片围屋（长隆世居、青排世居、廻龙世居）及周边地区（见图 7－11）。以长隆世居为例，金沙村三大围屋均有较高的历史价值，且保存完好。金沙村黄氏长隆世居位于深圳市坪山

图 7－11　金沙围屋现状

区坑梓镇金沙村，建于乾隆五十九年（1794 年），为坑梓黄氏五世祖黄廷元创建。长隆世居建筑为三堂四横四角楼布局，坐东北朝西南，占地面积 18000 平方米，建筑面积超过 8000 平方米，整个建筑用三合土夯筑而成。通面阔 83 米，进深 75 米，占地面积 6225 平方米。建筑整体依地势前低后高低，周边民居产权复杂，道路情况也较差。

因此金沙博物馆群的开发应该以保护为主。但三大围屋中间民居太多，改造起来十分困难，可以采取重点开发、以点连线的开发原则，将三大围屋分别进行开发，待未来时机成熟时再连点成面。

（2）规划分区。

南洋华侨文化是坪山可以依托的文化之一。而在金沙村周边还有一个拉美人建设的房屋，故而可以将拉美文化、南洋文化、客家文化三者作为三大围屋的主要特征，体现博物馆的不同分工，未来则可以将三者整合，打造金沙博物馆片区，如图 7－12 所示。

- 拉美博物馆：以青排世居为依托，打造拉美博物馆。
- 客家博物馆：以长隆世居为依托，打造客家博物馆。
- 南洋博物馆：以廻龙世居为依托，打造南洋博物馆。

7.2.4 龙田文旅小镇

（1）规划原则。

2018 年 5 月 29 日，“华侨城 · 坪山龙田文旅小镇”项目签约暨启动仪式在龙田街道办事处举行。龙田文旅小镇的规划范

图7－12 坪山博物馆片区“三馆”示意

围是龙田社区以及坑梓大道两侧的龙田范围，约6.15平方千米。

2018年5月龙田社区已经与华侨城达成初步合作意向。丹梓大道两侧现状为保存完好的基本农田，但上方有高压线穿过，不能进行大规模开发。龙田社区盘龙世居、文珍世居、锦堂世居、吉龙世居及洪围等客家民居建筑群保存较好，但仍需要改造。龙田文旅小镇的规划原则应该是以打造有特色的“客家消费文化”为目标，以大资金进入改造为特点。龙田文旅小镇现状，见图7－13。

（2）规划分区。

建筑形态可以被模仿，消费环境也可以被复制，当商业街区越来越同质化的时候，人们对于“逛”的追求，不再仅仅是传统的吃喝玩乐，而是基于文化内涵的精神享受。一个历史文化商业街区的崛起，需要专业的运营管理，更需要文化背景作为支撑，这样才能使其一直散发出耀眼的光芒。因此，龙田文旅小镇的打造主要是将现在的盘龙路打造为坪山最有特色的文化街区（见图7－14）。而项目范围内的基本农田，则以农作物改造为主。

图 7－13　龙田文旅小镇现状

- 一街：依托盘龙街打造主题文化街区。
- 花海区：坑梓大道两侧基本农田升级改造。
- 田园漫步区：坑梓大道两侧基本农田升级改造。

图 7－14　龙田文旅小镇布局示意

7.2.5　项目推进计划

项目推进计划见表 7－8。

表 7-8　　项目推进计划

项目名称	子项目	政策法规及相关内容概述		本项目和法律法规的适应情况	实施建议		
		法规名称	内容概述		投资（万元）	用地	配套
大万（龙田）客家文化项目	大万客家项目	《广东省文物保护单位“四有”工作规范》（2009）	重点保护区最低范围：革命遗址及革命纪念建筑物、古建筑及历史纪念建筑、石窟寺等主体构筑物外 30 米；古遗址或古城址的中心部分或重要遗迹现象的外缘以外 80 米	周边民居在文物保护单位建设控制地带内，没有遵照法规执行，可以依据法规进行文物保护范围划定，并整修周边的民居，使其与大万世居相适应	20000	文物用地，直接利用；集体用地，适度改造	大万周边民居配置商业：吃住购一体

续 表

项目名称	子项目	政策法规及相关内容概述		本项目和法律法规的适应情况	实施建议		
		法规名称	内容概述		投资（万元）	用地	配套
大万（龙田）客家文化项目	金沙博物馆改造项目	《广东省实施〈中华人民共和国文物保护法〉办法》（2009）	第十七条　在文物保护单位建设控制地带内修建的建筑物或者构筑物，其形式、高度、体量、色调等必须与文物保护单位的历史风貌相协调；其工程设计方案应当根据文物保护单位的级别，经相应的文物行政主管部门同意后，报规划行政主管部门批准	龙田文旅小镇所包括的基本农田没有改变农田性质，只是改变了农作物种植品种，没有与法规相抵触	15000	文物用地，直接利用；集体用地，适度改造	金沙围屋周边民居配置商业：吃住购一体
	龙田文旅小镇项目	《中华人民共和国基本农田保护条例》	禁止任何单位和个人占用基本农田发展林果业和挖塘养鱼		5000	基本农田，改变耕种农作物品种	盘龙街配置商业：吃住购一体

7.2.6 项目配套设施规划

项目配套设施规划见表7－9。

表7－9　　项目配套设施规划

现已开始	名称或数量	地理位置
饮食	街边小吃店	建设路、人民路
住宿	星级酒店床位约1900张	深汕路周边
停车场	400个车位	坪山高铁站
规划开发	名称或数量	地理位置
饮食	建设路特色饮食街、大万饮食街、盘龙街	建设路、大万世居、盘龙路
住宿	经济酒店床位2000张、特色民宿床位2000张	六联社区、龙田文旅小镇附近、大万世居
停车场	2000个车位	大万、龙田周边

7.3 金龟康养项目

7.3.1 项目意义

改革开放以来我国城镇化率从1978年的17.92%跃升至2016年的56.1%，城市化速度世界罕见，实属世界级的奇迹。然而，在城镇化过程中，城市人口快速聚集及经济高速增长的同时，城市环境与健康养老等问题逐渐凸显出来。面对这些问题的出现，以及大众旅游时代下新的旅游方式和业态的不断产生，“康养旅游”也在多重因子的驱动下从无到有，并已纳入我国旅游发展战略。知名投资银行瑞士瑞信银行发布的报告数据显示，截至2016年，我国中产阶级人数达1.09亿名，超过美国，居全球第一位。伴随中产阶层日益壮大的是他们消费诉求的普遍升级。在大众旅游时代，旅游消费观念升级，中产阶层越来越愿意，也越来越有能力花更多的钱去购买优质、独特的旅游消费体验。

金龟村拥有400多年的历史，坐落在深圳第六高山（田心山）的周边，目前有7个自然村，原居民都是客家人。随着村里陶瓷、布艺等创客项目的运营，这里已经成为深圳小有名气、以农家乐为主的小村落。

金龟村位于深圳市坪山区，有山景、海景，风景优美，气候温和，冬暖春早，降雨充沛。生态环境良好，大气环境质量优，山体植被总体良好。有发展高端康养旅游的资源条件。

7.3.2 项目目标

在综合金龟村前期规划基础、充分了解金龟村资源条件及发展趋势并践行金龟村总体解决方案的基础上，金龟村康养项目总体规划的规划目标是：改变坪山目前“游客不住”的现状；利用森林和民居打造复合型康养产品；打造粤港澳高端康养目的地。

7.3.3 规划思路

（1）规划原则。

本轮规划的范围为金龟社区所在山区，赤坳水库东面，坪葵路以西，马峦山、金龟村等地。坪山金龟村自古风景秀丽，古人曾将自然景观和人文景观融合在一起，归纳出西山十景——消夏渔歌、毛公积雪、玄阳稻浪、角里梨云、西湖夕照、鸡笼梅雪、龙渚归帆、缥缈晴岚、林屋晚烟、石公秋月。然而，随着时间的流逝，昔日的西山十景如今各有千秋、兴衰不一，未来可以考虑恢复西山十景。

金龟目前已经有了一些旅游开发项目（见图7－15），但还比较初级；如金龟农家乐是金龟村金成小区一处依山傍水的农家旅游区。金龟村目前已经有了15家民宿，未来应该统一整合，统一风格，提升档次。

图7－15　金龟康养项目现状

另外，金龟村在赤坳水库附近，村子有一半以上的范围在二级水源保护地内，需要综合考虑开发与保护相适应的原则。

（2）规划标杆。

未来金龟村可以考虑打造高端康养目的地，以中国著名康养地法云安缦为标杆（见图 7－16）。杭州法云安缦的设计概念为“18 世纪的中国村落”，尽量保持了杭州原始村落的木头及砖瓦结构，房间以不同的形式遍布于整个小村庄中。甚至服务人员的制服都使用了与村落极为合拍的土黄色。几乎所有的 42 套客房都不配备电视，房间内整体的灯光都比较暗，只在必须用到照明的地方才会使用较为明亮的灯光，在这里，灯的功能被退回到 18 世纪中国村落的蜡烛时代。法云安缦定位高端，每间客房每天的定价都在 5000 元以上。

图 7－16　法云安缦

（3）规划分区。

法云安缦所在的地方，原先是一个叫“法云村”的古村落。法云村是杭州西湖风景名胜区的重要核心部分，它是连接西湖与西溪的重要的过渡区域。法云村北面是北高峰、灵隐寺以及西溪湿地公园，南面是西湖的湖水区域。买下村子后，安缦公司把村子改建成一间间酒店客房，与此同时，原来的茶场都被很好地保存下来，现在法云安缦内有22块茶园地。金龟村可以以高端民宿为核心资源，辅以森林宿营、生态徒步等项目，整体打造金龟康养项目。

高端民宿区：以金龟村现存的民居为依托，改造民居，以法云安缦为标杆打造高端民宿（见图7－17）。

图7－17　高端民宿改造示意

生态徒步区：打造金龟生态徒步线路。

森林宿营区：在响水林场空地，打造全深圳的森林宿营基地（见图7－18）。

图 7 – 18　森林宿营基地改造示意

中医康养区：以康养为主题，引入现代人感兴趣的养生项目，主要关注现代人的健康状况，开发养心产品。

（4）特色活动。

①名称：金龟生态徒步。

主题：健康修养。

长度：10 千米。

金龟村附近有一条资源非常好的天然徒步线路（见图 7 – 19），线路中间有杂果林、禾雀花等众多特色景点，同时与马峦山的徒步线路有区别的是该线路几乎主要路段都在森林里，资源更好，也可以与马峦山慢行系统相连接。

②名称：金龟公益文化演出。

主题：先进文化进社区。

形式：宣传演出、慰问演出、法制宣传专场、特色文化活动、都市风情音乐会等（见图 7 – 20）。

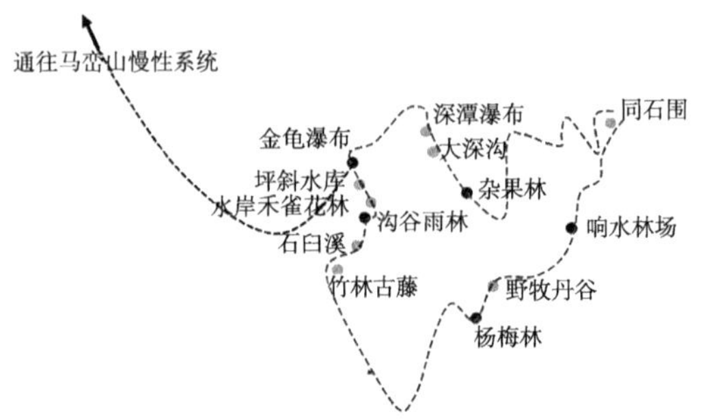

图 7－19　金龟生态徒步线路

图 7－20　金龟公益文化演出

运作模式：小规模、小制作，政府购买，社会招标，引入竞争机制，整合社会各界文化力量，包括各级文化馆（站）、民间文艺团体和民办文化非企业单位和文化企业单位，选出优秀节目，扩大活动影响力。

7.3.4　项目推进计划

项目推进计划见表 7－10。

表 7－10　　项目推进计划

<table>
<tr><th rowspan="2">项目名称</th><th rowspan="2">子项目</th><th colspan="2">政策法规及相关内容概述</th><th rowspan="2">本项目和法律法规的适应情况</th><th colspan="3">实施建议</th></tr>
<tr><th>法规名称</th><th>内容概述</th><th>投资（万元）</th><th>用地</th><th>配套</th></tr>
<tr><td rowspan="3">金龟康养项目</td><td>金龟民宿</td><td>《深圳市基本生态控制线管理规定》</td><td>第十条　除下列情形外，禁止在基本生态控制线范围内进行建设：（一）重大道路交通设施；（二）市政公用设施；（三）旅游设施；（四）公园</td><td rowspan="3">在生态控制线范围内不新建设施，以徒步、露营等旅游项目为主。水源保护区范围内不布置民宿，民宿主要布置在坪葵路以东的区域</td><td>15000</td><td>集体用地，与村民合作，适度改造</td><td>民宿吃住一体</td></tr>
<tr><td>金龟露营</td><td rowspan="2">《深圳经济特区饮用水源保护条例》（2012）</td><td rowspan="2">在饮用水源保护区和准保护区内必须遵守下列规定：（一）禁止新建、改建、扩建印染、造纸、制革、电镀、化工、冶炼、炼油、酿造、化肥、染料、农药等生产项目或者排放含国家规定的一类污染物的项目和设施</td><td>2000</td><td>生态保护区，增加必要的露营设施</td><td>配套在金龟村内</td></tr>
<tr><td>金龟生态徒步</td><td>1000</td><td>生态保护区，修整道路，增加休憩点</td><td>配套在金龟村内</td></tr>
</table>

7.3.5 项目配套设施规划

项目配套设施规划见表 7 - 11。

表 7 - 11　　项目配套设施规划

现已开发	名称或数量	地理位置
饮食	农家乐 10 家左右	金龟村
住宿	民宿 10 ~ 20 家	金龟村
规划开发	名称或数量	地理位置
饮食	农家乐 50 家	坪葵路东侧金龟村
住宿	高端民宿 80 家，床位 1000 张	坪葵路东侧金龟村

7.4 比亚迪工业旅游

7.4.1 项目意义

工业旅游是伴随着人们对旅游资源理解的拓展而产生的一种旅游新概念和产品新形式。工业旅游在发达国家由来已久，特别是一些大企业，利用自己的品牌效益吸引游客，同时提升自家产品的知名度。在我国，有越来越多的现代化企业开始注重工业旅游。近年来，我国著名工业企业如青岛海尔、上海宝钢、广东美的、佛山海天等相继向游人开放，许多项目获得了政府的高度重视。深圳目前尚没有有影响力的工业旅游目的地。

比亚迪是一家中国汽车品牌，创立于 1995 年，主要生产商务轿车和家用轿车和电池。其由 20 多人的规模起步，2003 年成长为全球第二大充电电池生产商，同年组建比亚迪汽车。

比亚迪汽车遵循自主研发、自主生产、自主品牌的发展路线，立志打造真正物美价廉的国民用车，产品的设计既汲取国际潮流的先进理念，又符合中国文化的审美观念。2017 年 11 月 8 日，比亚迪入选时代影响力 · 中国商业案例 TOP 30（排行榜前30）。坪山完全可以利用比亚迪的影响力去打造深圳最有影响力的工业旅游区。

7.4.2 项目目标

依据比亚迪的工业特点以及本次旅游规划的诉求，本次项目规划的目标是建设深圳汽车工业旅游目的地；打造全国工业旅游示范项目。

7.4.3 规划方案

（1）规划原则。

规划范围为比亚迪公司（包括其工厂、总部六角大楼）。深圳比亚迪总部具体位置是广东省深圳市坪山区比亚迪路 3009 号。坪山比亚迪公司目前有较强的开发旅游的意愿，需要政府引导合作。比亚迪工业项目的规划原则是政府与企业深度合作，率先开发。

（2）规划标杆。

可以以德国斯图加特奔驰博物馆、保时捷博物馆（见图 7－21）为参考发展比亚迪工业旅游。

图 7－21 汽车博物馆

斯图加特及其周边地区以高科技企业而著名，其中代表有戴姆勒股份公司（即著名的梅赛德斯－奔驰生产商）、保时捷股份公司、罗伯特·博世有限公司、国际商业机器公司（IBM），这些闻名德国甚至是闻名世界的企业都将这里选为它们的总部所在地。

斯图加特地区坐享葡萄种植的绝佳优势，其酿酒工艺历史悠久。享有盛名的“斯图加特葡萄酒徒步之旅”从尔克海姆开始，经过乌尔巴赫、罗腾堡直到尔克海姆结束。

坪山区与斯图加特有许多相似点，比亚迪可以借鉴奔驰、保时捷在斯图加特的发展模式。坪山区与斯图加特的比较结果，见表 7－12。

表 7－12　　坪山区与斯图加特的比较结果

主要指标	斯图加特	坪山区
面积	207 平方千米	166 平方千米
人口	60 万人	60 万人
GDP	42000 美元	25000 美元
主要产业	汽车、金融业、工业、葡萄园	汽车、工业
主要景观	都市田园风光	乡村、工厂
旅游发展	汽车工厂、葡萄园、赌场	山地、汽车、乡村
地位	德国第四大城市体组成部分	中国第四大城市体组成部分
文化特色	德国汽车之城	深圳工业之城

注：以上数据截至 2018 年。

（3）规划分区。

除了比亚迪公司的博物馆项目之外，可以依托比亚迪公司内部的道路，开发与汽车用品买卖有关的商品街以及工厂参观等。

①一街。

科技用品街，依托龙坪路，打造科技用品一条街。

②一馆。

科技展示馆，依托比亚迪总部大楼，打造汽车博物馆、高科技体验馆。

③两区。

- 体验工厂区，以比亚迪现有汽车工厂为基础，综合整治厂房达到功能置换，发展与科技、汽车有关的文化创意、服务等功能。
- 配套设施区，开辟一块区域用于新车演示表演。

7.4.4 政策保障

与大型企业即比亚迪公司合作，编制特色小镇实施方案。

（1）政府需给予土地优惠政策及其他旅游发展的便利条件，尽快落实与比亚迪公司工业旅游的合作，落实绿能小镇的打造。

（2）比亚迪公司需要在翔实规划的前提下将资本投入关键区域。需要注意的是，作为旅游开放的区域是经由比亚迪公司同意可以开放参观的区域，涉及商业机密的区域禁止游客参观。

7.4.5 项目配套设施规划

项目配套设施规划见表 7－13。

表 7-13 项目配套设施规划

现已开发	名称或数量	地理位置
饮食	少量街边餐馆	江岭社区
规划开发	名称或数量	地理位置
饮食	城市商场	六联社区
住宿	特色民宿床位 1000 张	江岭社区

7.5 红色旅游

7.5.1 项目意义

坪山东江纵队纪念馆建成于 2000 年，占地约 5000 平方米。2013 年，坪山投入资金近 800 万元，对纪念馆实施了从内到外、从软件到硬件的全面提升整治，并将之逐步打造成一个集教育、旅游、展示、研究于一体的红色文化和廉洁文化教育基地。东江纵队纪念馆已经成为全市著名的红色旅游景点，2017 年参观人数超过 20 万人次，与几年前相比增长了数倍。同时坪山区拥有曾生故居、前进报社旧址、烈士英名碑，是深圳市红色旅游资源最为丰富的地区。深圳市目前对红色旅游需求巨大，每年有相当数量的干部群众去往国内著名红色景点学习，坪山急需自己的红色旅游景点。

7.5.2 项目目标

依据坪山区的各项红色旅游资源，本项目的目标是以东江纵队纪念馆为核心，打造深圳本土的红色教育基地。

7.5.3 规划方案

（1）规划原则。

本项目的范围包括坪山区的所有红色资源如东江纵队纪念馆（见图7－22）、庚子首义旧址、水源世居、荫本学校等。目前除了东江纵队纪念馆发展良好外，其他资源保护程度一般。本轮规划的原则是修缮为主，突出重点。同时需要找到红色旅游的亮点，提供学习、参观、体验一条龙的红色旅游服务。

（2）规划标杆。

井冈山是目前中国最为火爆的红色旅游景点（见图7－23），除了本身的红色历史外，其优美的环境以及配套的红色教育设施是其成功的关键，如党员培训、穿红军服、重走长征路，等等。坪山区可以向井冈山学习丰富的红色旅游发展模式，将红色旅游打造得更为丰富，充满趣味。

（3）项目设置。

红色旅游需要考虑学习、体验、住宿等一系列活动，所以需要开发一系列的红色活动（见图7－24），如举办东江纵队讲堂、开辟红色专线、推动东江纵队联盟、修缮强华学校、重走营救路线。

（4）特色活动——重走省港大营救（东线）。

1941年，日本占领中国香港，在中国香港开展抗日救亡工作的大批内地文化人士和知名民主人士处境十分危险。根据

图7－22　东江纵队纪念馆

中央指示，时任中共中央南方局书记的周恩来同志，指示当时正在香港的八路军驻港办事处主任廖承志，让他一定要想尽一切办法，将这些人解救出来。白石龙村，是这些文化名人和民主人士从香港脱险后在内地停留的第一站。

这次大营救，为中华民族、为新中国保存了一大批精英，在中国革命历史上具有重大的意义，被茅盾称为“抗战以来

图 7－23　井冈山红色旅游项目

最伟大的抢救工作”。深圳市东江纵队研究会李建国查证史料得知，大营救主要路线有四条：东线，坐船撤到海丰；东二线，坐船撤到沙鱼涌；西线，经澳门撤往台山等地；中线，走陆路，先从香港岛坐船到九龙，由武工队护送，从九龙走青山道，翻过 900 多米高的大帽山，到达落马洲，渡过深圳河，经水围一带，最后翻越梅林坳进入广东人民抗日游击队驻地龙华白石龙村。本次活动选择省港大营救的东线，从沙鱼涌码头到坪山的水源世居，长度大约 20 千米（见图 7－25）。

图 7－24　坪山红色旅游主要项目

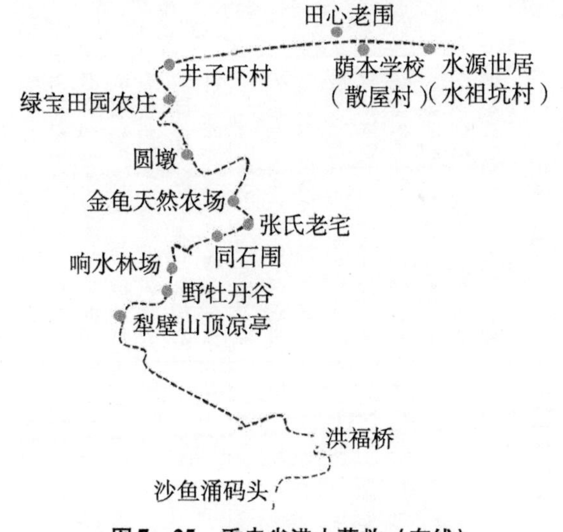

图 7－25　重走省港大营救（东线）

7.5.4　项目推进计划

项目推进计划见表 7－14。

表 7－14　　项目推进计划

项目名称	子项目	政策法规及相关内容概述		本项目和法律法规的适应情况	实施建议		
		法规名称	内容概述		投资（万元）	用地	配套
红色旅游项目	修缮强华学校	《广东省文物保护单位“四有”工作规范》	各级文物保护单位可以根据保护对象的格局、安全、环境和景观的需要，在保护区外划定必要的建设控制地带。具体要求是，国家级文物保护单位应距一般保护区外缘 50 米，省级文物保护单位为 40 米，市、县级文物保护单位为 30 米	强华学校在原址上修缮，修旧如旧，不破坏其文物性质，其他生态控制线范围内项目不予增加大型项目	5000	文物用地，直接利用；集体用地，适度改造	饮食以周边农家乐为主，住宿在马峦山下
	重走省港大营救线路	《广东省实施〈中华人民共和国文物保护法〉》办法（2009）	第十七条　在文物保护单位建设控制地带内修建的建筑物或者构筑物，其形式、高度、体量、色调等必须与文物保护单位的历史风貌相协调；其工程设计方案应当根据文物保护单位的级别，经相应的文物行政主管部门同意后，报规划行政主管部门批准		5000	山林道路修整	配套在马峦山下

7.6 绿梓都市农业休闲综合体

7.6.1 项目意义

坪山区的农业占GDP总值非常小，2013年农业总值仅为0.65亿元，在坪山区寸土寸金的地段上，如何实现农业土地价值的多样化至关重要，前期的研究表明，将农业与服务业尤其是旅游业结合能够增加农业附加值，夯实坪山生命健康城的底蕴，因此休闲农业的探索至关重要。目前坪山的基本保护农田主要分布于碧岭片区、龙田片区、绿梓大道两侧，其中碧岭片区由碧岭水文化休闲区加以统领，龙田片区由坑梓客家文化生态休闲主题区统领，绿梓大道片区因其面积大、分布集中，且处于生态控制线内，未来基本保护农田面积还可以增加，符合营造坪山区休闲农业主题区的需要。现代都市人的主要休闲方式之一就是农业休闲，而深圳市除了坪山区外，很少有基本农田遗留，坪山区可以抓住这个优势，率先发展。

7.6.2 项目目标

本项目的目标是：关联生命健康产业、夯实坪山整体生态环境，服务港深都市圈，建设辐射深莞惠，以先进农业科技、农业体验、绿道休闲、农业博览与风情体验为一体，集农业开发、农业利用、农业展示于一体的综合型都市农业主题园区，以及以它为依托建设外围生态农业综合发展体。最终的目标：

打造深圳东部最大的都市农业休闲基地。

7.6.3 规划方案

（1）规划原则。

本项目规划范围：北起丹梓大道、南至马峦山、东部以兰景路为界、西部以绿荫路为界的狭长地带，总面积约6平方千米。目前北部用地多为基本保护农田，中部用地为村庄及坪山河，南部用地为坪山田地农业科技园。有许多田地闲置，急需调整开发。同时需要连接整个片区，规模开发（见图7－26）。

图7－26 区域现状

（2）发展标杆。

本项目可以借鉴国内发展较成熟的农业公园项目。中牟·国家农业公园嘉年华是集观光、品尝、体验、娱乐、购物于一体的现代农业盛会，活动包括“8 馆 3 场 2 街 1 线”（见图 7－27）。“8 馆”即农科快轨馆、欢乐农庄馆、番茄迷宫馆、梦幻花香馆、百舸争流馆、乐活园艺馆、精品农业展销馆以及未来农业馆；“3 场”即领头雁广场、欢庆广场、丰收广场；“2 街”即特色美食街、台湾风情美食街；“1 线”即游览线。

图 7－27　中牟·国家农业公园嘉年华

（3）项目思路。

近期发展任务：农业绿道休闲体“市民休闲健身道 + 游客观光消费道 + 农民增收致富的绿色经济道”（见图 7－28）。

图 7－28 绿梓农业项目近期任务示意

中远期发展任务：国家农业公园（三大主题并举的都市休闲农业综合体验区）（见图 7－29）。

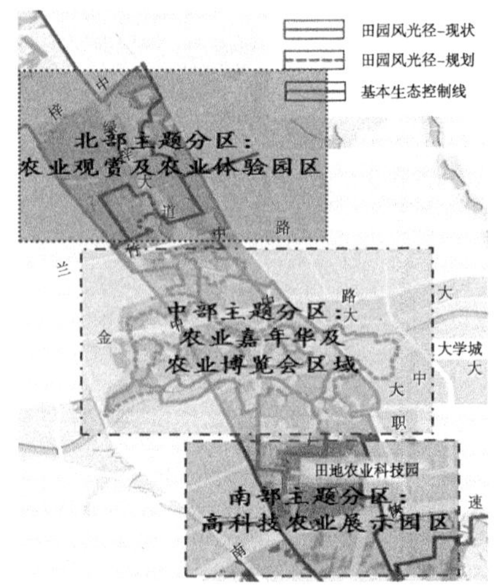

图 7－29 绿梓农业项目中远期任务示意

7.6.4 项目推进计划

项目推进计划见表 7－15。

表 7-15　　项目推进计划

项目名称	子项目	政策法规及相关内容概述		本项目和法律法规的适应情况	实施建议		
		法规名称	内容概述		投资（万元）	用地	配套
绿梓都市农业休闲综合体项目	田园风光径改造	《深圳市基本农田保护区管理办法》（2014）	第十一条　基本农田保护区主要用于发展农业科技创新、生产示范和休闲生态等现代农业。 第三十二条　以农业为依托的休闲观光农业项目以及各类农业园区，附属设施布局应当因地制宜，节约使用土地，充分利用基本农田保护区及其周边未利用地或者现状为山坡地、园地等其他农业用地。附属设施建设应当力求简易、安全、实用，以易拆除、便于恢复农业生产条件为标准	不冲突	2000	不改变用地性质	农业嘉年华配套 高科技农园配套
	观赏植物改造				5000		
	国家农业公园配套				20000		
	违章建筑清退				500		

7.6.5 配套项目设施规划

配套项目设施规划见表7－16。

表7－16　　　　配套项目设施规划

现已开发	名称或数量	地理位置
暂无	暂无	暂无
规划开发	名称或数量	地理位置
饮食	饮食街、商场	龙田社区 沙井社区 石井社区
住宿	特色民宿床位1000张、 经济酒店床位500张	
停车场	4000个车位	

7.7 坪山河风情游

7.7.1 项目意义

游客的停留时间一直是旅游竞争力和吸引力的重要衡量指标，其对促进旅游目的地发展的作用毋庸置疑，随着旅游景点数量的快速增长和区域旅游合作的加强，统一旅游区域和旅游线路上的旅游点的竞争更多体现在停留时间和住宿率上。一方面基于旅游景区景点的硬件接待设施质量的普遍提升，另一方面游客的需求向高层次偏移，游客的停留和住宿需要景区拿出更加完备的设施，能不能把游客“留下来”，游客能够留多长时间更多取决于夜间旅游项目的设计。旅游目的地的发展是食、住、行、游、娱、购的完整产业链的发展，夜间旅游项目的打造能吸引更多的游客停留，游客这种停留与夜间旅游活动又能引发旅游消费，更好地带动相关的旅游产业。

坪山具备风情游的基本条件，可以将坪山风情游项目作为其主要旅游项目之一。

7.7.2 项目目标

坪山风情游项目的最终目标是“丰富坪山‘白 + 黑’的产品体系；叠加坪山本土文化与城市特色；率先在深圳提出河流风情游项目”。

7.7.3 规划方案

（1）规划原则。

本次项目规划的范围是坪山区坪山河碧湖至燕子湖河段流域，包括未疏通地段。坪山河流经整个坪山，是坪山区的母亲河，也是深圳少有的城市中大河，但现状较差，需要大规模整治（见图 7 - 30）。河面最宽处为 30 米，最深处可达 1 米，从东江引水后可开发夜游河段长约 5 千米。

风情游项目的原则如下。

集中性：游客主要在景区进行休闲娱乐活动，所以风情旅游项目的开发在空间上应该集中在一两个观景点或观景点上的休闲区，并且尽可能靠近旅游服务区。

互补性：风情旅游项目的设计一定要强调与白天旅游项目的互补，体现与日间旅游项目的不同，如白天以景观为主，夜晚则以风情为主；白天以观光游乐为主，夜晚则以休闲体验为主。

本土化：特色化和本土化是旅游项目设计的重要原则，随

图 7－30　坪山河现状

着风情旅游项目扮演角色越来越重要，竞争逐渐激烈，对夜间旅游项目的特色化和差异化要求也越来越高。如前所述，在游客体验景区风情、实现多样化消费方面，风情旅游项目承担着更重要的任务，所以在夜间旅游项目的开发设计上，更需要引入人文资源，更多利用本地特色的文化元素。

综合性：风情旅游不再是简单用灯光把景区照亮再让游客看一遍，再配上一些娱乐购物项目的时代了。夜间旅游吸引力的打造通常不会依靠一种旅游产品形式，它依靠几种形式的综合。这种综合也不是简单相加，而是围绕夜间旅游吸引力打造这一目的下的整合。

（2）规划标杆——寻梦龙虎山。

主创团队立足于江西，以道教文化为根基，通过实景演出这种新颖的形式，以“艺术家对山水自然的崇敬、艺术家寻梦的过程和艺术家的情怀”三个方面为主要的创作思路，着重表现人在自然中对自身的追寻和思考，运用“天人合一、上善若水、仁者爱人”等文化观念对传统进行解读。

坪山河可以以龙虎山为标杆（见图7－31），借鉴其夜游模式，以深圳（坪山）文化为内涵，以燕子湖为中心，打造坪山河风情游风光带。

图7－31　寻梦龙虎山

（3）项目布局规划。

①因地制宜，打造深圳夜游长廊。

夜游项目的关键是因地制宜，坪山区得天独厚的资源条件是碧湖—燕子湖河段，河段周边有坪山区的大部分休闲资源。因此，坪山区可以依据碧湖—燕子湖—坪山河率先打造夜游长廊，使其成为未来深圳市的夜游标杆。

②串联激活，整合沿河旅游资源。

坪山河地处整个坪山区的核心，碧湖—燕子湖河段是坪山市中心所在地，有较多的旅游与休闲资源。夜游经济可以充分整合周边的旅游资源，形成生态旅游长廊。

③空间共享，提升市民休闲品质。

坪山河流域不仅是旅游长廊，也是坪山区的经济长廊，交通动脉。整条夜游区域包括较多的商业、工业、休闲资源，需要旅游业充分发挥整合功能，空间共享，将经济发展与旅游休闲有机结合起来。

坪山河风情游布局（见图 7－32）。

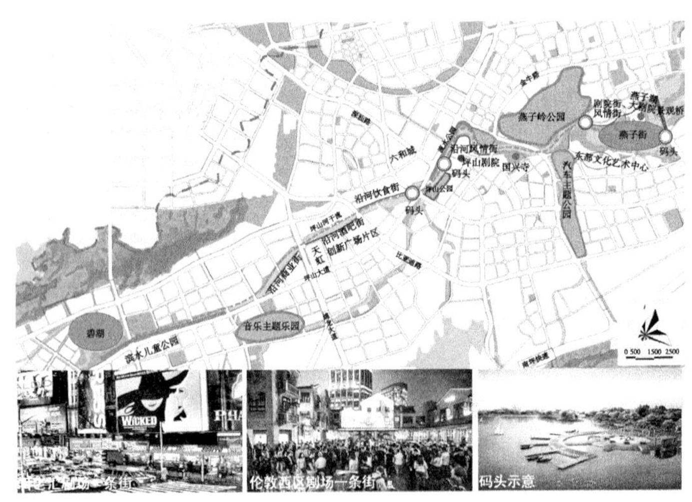

图 7－32　坪山河风情游布局

7.7.4　项目推进计划

项目推进计划见表 7－17。

表 7－17　　项目推进计划

项目名称	子项目	政策法规及相关内容概述		本项目和法律法规的适应情况	实施建议		
		法规名称	内容概述		投资（万元）	用地	配套
坪山河风情游项目	夜游景观基础设施	《深圳市蓝线管理规定（草案）》	第三章　监督和管理 第十一条【行为限制】在蓝线范围内禁止进行下列活动： （四）对蓝线保护对象构成破坏或妨碍蓝线管理的活动； 第十四条【用地管理】蓝线范围内土地原则上只安排与水体保护、生态涵养、供水排水、防洪安全等相关的项目	新建项目全部避开了蓝线范围	2000	占地较少，微调为主	坪山河流域，以燕子湖为中心集中布置吃住行游购娱配套店面
	剧院街				10000	商业用地，局部调整	
	商业街				15000		
	酒吧街				20000		
	小吃街				20000		
	景观桥				5000		
	码头				3000		

7.7.5 项目配套设施规划

项目配套设施规划见表7-18。

表7-18 项目配套设施规划

现已开发	名称或数量	地理位置
饮食	六联饭店等餐馆	坪山中心区
住宿	星级酒店床位1900张	深汕路周边
停车	400个车位	坪山高铁站
规划开发	名称或数量	地理位置
饮食	饮食街、商场	六联社区
住宿	高星级酒店床位1500张、经济酒店床位2000张	燕子湖、坪山河沿线
停车场	2000个车位	

7.8 其他配套设施规划

7.8.1 特色饮食街

美食街属于商业专业街的一种类型，在全国没有统一的规范标准。中国各地有许多著名美食街，如北京美食街、济南美食街、香港美食街等。参照上海市2001年出台的上海市地方标准《商业分级设置规范》（DB 31/T 261—2001），专业街是指同一系列的专业店、专卖店高度集聚，提供专门商品和专业服务的特色商业街，一般街长200米以上，专业店30家以上。

根据经营品种和经营特色，商业专业街划分为餐饮美食、休闲娱乐、服装服饰、文化用品、家具家电等类型。美食街作为商业街的重要组成部分，本身由许多餐饮企业群聚所产生的经济集聚效应的形式。美食是旅游中“食住行游购娱”六要素的第一位，故而美食街本身是旅游资源的重要补充，在很多地方，甚至成了最为吸引游客的旅游资源。

坪山区可以发展的特色饮食街是：六联社区沿河路。

建设路已经形成了饮食店铺的集聚，可以因势利导，将其打造为特色饮食街，符合本轮规划空间共用的基本原则。

建设路目前生活气息浓厚，但缺乏规划提升，所以可以借助其区位优势，打造一条特色饮食街。

7.8.2 文化商业街

商业街是人流聚集的一个主要场所，采用东西方向排列，以入口为中轴对称布局，建筑立面多采用塔楼、骑楼、雨罩的元素使空间产生新的划分，室内空间既设置了集中商业，又有零散店铺，是西方现代 MALL（大型购物区）与中国传统商铺的有机组合。商业街不仅体现了景区配套，同时体现了城市形象，是游客购物的首选。与饮食街一样，坪山区的文化商业街也可以布置在已经形成商业氛围同时兼具客家文化的坑梓社区人民路上。

7.8.3 风情酒吧街

酒吧街目前是城市商业尤其是夜间经济的重要组成部分。

酒吧街的建设可以增加城市的休闲吸引力，也能更好调节客流量，让游客的游览活动更加立体，坪山区的酒吧街可以考虑建设在创新广场西侧沿河路，与坪山河风情游相辅相成。

7.8.4 游客集散中心规划

综合考虑交通、游客数量、配套设施等因素，在坪山高铁站和坪山汽车站分别设立两个游客集散中心。

（1）游客中心规模。

游客中心的规模应与景区容量相配套。

年均游客接待量在 800 万～1000 万人次的景区游客中心建筑面积在 5000～8000 平方米。考虑坪山未来的游客接待量，建议游客中心建筑总面积在 6000 平方米左右，分两期建设。

（2）建筑风格。

游客中心建筑外观应与周围环境相协调，建筑色彩、体量、风格等应巧妙地融入自然环境中。同时，建筑形式要充分体现本土人文特色，与地域文化氛围相融合。

考虑坪山当地的建筑特色，建议坪山高铁站的建筑以客家特色风格为主。而建于金龟村的次级游客中心采用山间小屋风格，融景入山。

（3）功能。

①交通集散功能。

游客中心应具有旅游交通支持管理与车辆机务维修功能、车辆配套服务功能，为旅游车辆的驻站、停放和机务保障提供必要的服务。通过旅游线路的设置、专线车的开通等，游客中心应能使散客有序进入旅游目的地。

设施服务配置。

• 建设较大规模的停车场地。提供车辆维修、抛锚救急、加油、清洗等服务。

②宣传及咨询功能。

游客中心提供各种宣传资料，向游客充分展示景区的资源特色，增强游客对当地文化的认同，提高旅游活动的体验值。同时，景区可采用多媒体和数字化技术，依托网络，提供门店和网络相结合的旅游信息咨询服务。

设施服务配置。

• 设资料架。摆放游客游览所需的各种资料，如景区地图、旅游手册、自行车游览路线图，并摆放景区宣传资料及旅游宣传品（至少一种宣传品免费）。

• 设告示板。提供当地天气预报信息、旅游线路图以及景区活动节目预告（包括当日景区活动节目预告及阶段活动预告）。

• 设电子触摸屏。使游客了解景区的详细情况、设施及服务。如各个景点的分布、硬件设施情况、开放时间、交通路线，景区食、住、行、游、购、娱等各项活动的推介。

• 设影视厅。通过影视介绍景区的特色。

• 设咨询台。配备专为游客提供咨询服务的工作人员，解说景区景点、餐饮住宿、线路推介等。

③救援功能。

游客中心应为游客出游提供服务，在游客出游发生各种旅游意外事故时，为游客提供救援。

设施服务配置。

- 设立医务室。配备医务人员，提供基本的医疗服务。
- 设立突发事件处理预案。提高应急处理能力，及时、妥当处理事故，保证档案记录准确、齐全。

④维权功能。

作为为散客旅游服务的公共设施平台，游客中心要接受社会各界的监督，处理游客投诉，维护游客权益。

设施服务配置。

- 设立监督投诉电话，受理游客咨询与投诉，按照投诉处理程序及时进行处理。

⑤旅游中介服务功能。

游客中心与交通部门、旅行社、景区景点、宾馆饭店等有关部门有着密切联系，具有桥梁和纽带作用。通过这一中介环节，游客可快速连接本地及周边地区的旅游服务点。

设施服务配置：

- 为游客提供导游景区讲解服务。
- 设立售票处，代售景点门票。
- 提供当地酒店信息并安排住宿。

⑥旅游综合服务功能。

游客中心可提供一定规模的餐饮、住宿、购物以及邮政、银行、通信等服务项目。随着六要素的注入，游客中心的业务逐渐丰富和多元化，相应的功能将不断完善。鉴于坪山区已配置一定数量的住宿及餐饮设施，这两方面的服务可适当淡化。

设备服务配置。

- 休憩服务。设立接待大厅并设洗手间，供游人休息、饮水，作为临时性的接待和中转区。
- 购物服务。提供基本的饮食及旅游纪念品服务。
- 寄存服务。小件物品寄存。
- 租赁服务。轮椅、婴儿推车、拐杖、雨伞的租赁。
- 邮电服务。提供邮政及邮政纪念服务，如纪念邮票、纪念明信片。
- 电子服务。打印、传真、上网服务。
- 银行服务。设立银联 ATM 机（自动柜员机）。

7.8.5 旅游厕所规划

旅游厕所规划应结合 GB 50337—2003《城市环境卫生设施规划规范》和 GB/T 18973—2003《旅游厕所质量等级的划分与评定》中对公厕设置标准的规定，公共设施用地的公厕设置密度为 4～11 座/平方千米，设置间距 300～500 米。在人口密集区域取高限密度、下限间距。通过改建、扩建、新建等方式，争取在规划年末景区厕所都能达到 A 级或以上标准。

7.9 旅游线路规划

7.9.1 设计思路

（1）通过线路规划实现不同类型、不同性质、不同特色旅游产品的合理组合。

（2）根据游客的旅游心理安排景点游览顺序，达到良好的旅游体验效果。

（3）兼顾旅游资源的冷点、热点和温点，做到冷热相结合，充分发挥资源优势。

7.9.2 坪山主要线路规划

坪山主要线路规划见表7－19。

表7－19　　坪山主要旅游线路规划

线路类型	线路名称	具体线路
坪山常规线路	坪山一日游	大万世居、东江纵队纪念馆、马峦山郊野公园
	坪山两日游	大万世居、东江纵队纪念馆、碧岭现代农业科技园、坪山雕塑艺术创意园、马峦山郊野公园
坪山特色线路	坪水相逢：坪山河风情之旅	水上乐园、客家文化公园、酒吧街、湿地公园等

续 表

线路类型	线路名称	具体线路
坪山特色线路	发现马峦：马峦山穿越之旅	马峦山骑行、马峦山东西穿越、马峦山南北穿越等
	能源之光：新能源小镇之旅	比亚迪汽车博物馆、汽车主题公园、汽车体验工厂等
	开心农场：绿梓农庄之旅	农业观光、亲子农场、生态餐厅等
	王者归来：马峦运动之旅	运动公园、极限体验、棋艺培训与比赛等
	重温客家：大万客家民俗之旅	客家博物馆、客家剧院、客家商业街等
	都市涅槃：金龟养身养心之旅	金龟生态徒步线（同石围、杂果林、大深沟、深潭瀑布、金龟瀑布、坪斜水库、水岸禾雀花林、沟谷雨林、石臼溪、竹林古藤）
	聚龙采风：聚龙山湿地之旅	果林观赏、水上运动、花海公园等
	红色情怀：红色缅怀之旅	红色线路一：常规革命遗址线（东江纵队纪念馆、曾生故居、庚子首义旧址等） 红色线路二：重走省港大营救（水源世居、荫本学校、井子吓村、绿宝田园农庄、圆墩、金龟天然农场、张氏老宅、同石围、响水林场、野牡丹谷至山顶凉亭）

7.10 旅游交通规划

坪山区旅游交通规划见图 7－33。

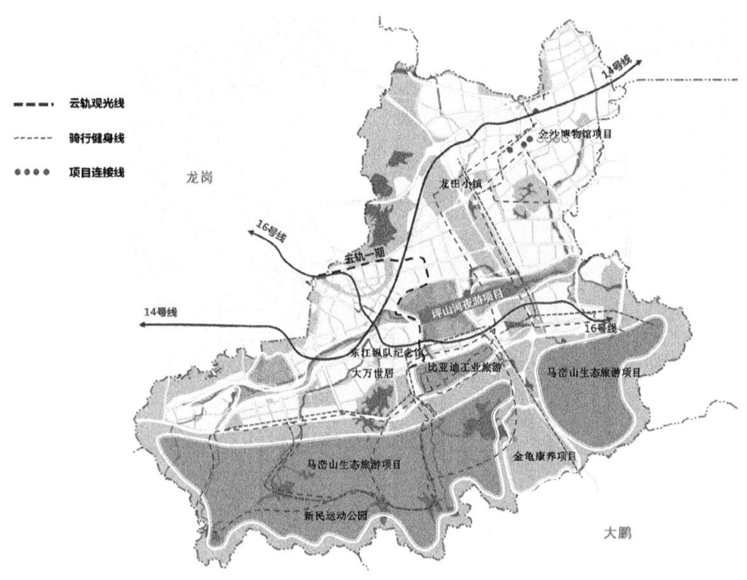

图 7－33 旅游交通规划

7.11 旅游增加值测算

预测 2025 年年末游客人数为 1000 万人次，平均每人的消费在 300 元，测得坪山区规划年末的旅游经济收入为 30 亿元。

7.11.1 旅游业的间接效益测算

投入产出模型用于计算为了满足额外产出，广东省各部门需要进行的投入，即旅游业对坪山区产生的间接经济效应。为了计算这部分的经济效应，选用模型 $X=BY$，其中 B 是完全消耗系数，Y 是最终产品外生变量。完全消耗系数 B 根据投入产出表（2012 年广东省投入产出表）计算，最终产品外生变量 Y 来自旅游业直接消费额［数据来源于中国游客花费抽样调查（见表 7－20）］。

表 7－20　国内游客花费抽样调查

游客花费构成	长途交通	当地交通	住宿	餐饮	购物	邮电通信	景区游览	文化娱乐	其他	合计
占比	27.2	3.0	19.0	8.2	26.0	0.7	3.9	2.3	9.7	100

首先，根据广东省 2012 年投入产出表计算得出广东省 2012 年投入产出表的完全消耗系数，即交通运输及仓储业；批发和零售业；住宿和餐饮业；通信服务业；居民服务、修理和其他服务和文化、体育和娱乐业六个行业对应的完全消耗系数（见表 7－21）。表中每一列表示要满足一单位这个行业的产品，需要各个部门投入的数量。比如交通运输及仓储业这一列，为了满足 1 单位交通运输及仓储业的产出，需要农林牧渔产品和服务部门投入 0.012706 个单位，需要煤炭采选产品部门投入 0.025555 个单位，以此类推再进行加和。

表 7-21　　投入产出各部门的完全消耗系数

	交通运输及仓储业	批发和零售业	住宿和餐饮业	通信服务业	居民服务、修理和其他服务	文化、体育和娱乐
农林牧渔产品和服务	0.012706	0.017067	0.189851	0.012228	0.046808	0.030519
煤炭采选产品	0.025555	0.012236	0.023851	0.011651	0.029032	0.014784
石油和天然气开采产品	0.103241	0.025765	0.021917	0.119851	0.053488	0.025453
金属矿采选产品	0.005765	0.003509	0.003779	0.005626	0.004848	0.007982
非金属矿及其他矿采选产品	0.00116	0.000865	0.001599	0.001252	0.002199	0.002816
食品和烟草	0.027556	0.021858	0.460473	0.025471	0.027624	0.064692
纺织品	0.005742	0.003657	0.006464	0.002562	0.004524	0.012502
纺织服装鞋帽皮革羽绒及其制品	0.01092	0.008358	0.006079	0.003514	0.009348	0.030102
木材加工品和家具	0.00212	0.001951	0.002938	0.001569	0.015957	0.002349

续 表

	交通运输及仓储业	批发和零售业	住宿和餐饮业	通信服务业	居民服务、修理和其他服务	文化、体育和娱乐
造纸印刷和文教体育用品	0. 020666	0. 021951	0. 034660	0. 027399	0. 026467	0. 146099
石油、炼焦产品和核燃料加工品	0. 225881	0. 051972	0. 042316	0. 265461	0. 114009	0. 052406
化学产品	0. 078951	0. 033099	0. 082310	0. 077958	0. 071539	0. 082464
非金属矿物制品	0. 010158	0. 00625	0. 007470		0. 008056	0. 005533
金属冶炼和压延加工品	0. 054851	0. 030942	0. 034723	0. 011329	0. 045906	0. 079097
金属制品	0. 010005	0. 005993	0. 012394	0. 053314	0. 027685	0. 011145
通用设备	0. 014376	0. 005599	0. 007899	0. 008898	0. 007439	0. 006756
专用设备	0. 011741	0. 004447	0. 008280	0. 012280	0. 005205	0. 006391
交通运输设备	0. 044222	0. 004684	0. 004040	0. 009205	0. 018104	0. 004159
电气机械和器材	0. 025263	0. 01394	0. 008866	0. 003802	0. 010723	0. 014447

续 表

	交通运输及仓储业	批发和零售业	住宿和餐饮业	通信服务业	居民服务、修理和其他服务	文化、体育和娱乐
通信设备、计算机和其他电子设备	0.452894	0.137241	0.089352	0.028320	0.093949	0.147169
仪器仪表	0.002298	0.028415	0.002548	0.601437	0.003624	0.001919
其他制造产品	0.006211	0.001702	0.002111	0.002817	0.001753	0.013497
废品废料	0.014789	0.008236	0.012512	0.000624	0.013482	0.024481
金属制品、机械和设备修理服务	0.0019	0.000807	0.001161	0.014395	0.000969	0.001003
电力、热力的生产和供应	0.110234	0.052887	0.104610	0.001319	0.129348	0.058750
燃气生产和供应	0.008196	0.001483	0.020581	0.044352	0.005109	0.003026
水的生产和供应	0.003608	0.002942	0.014293	0.001418	0.013294	0.004251
建筑	0.003256	0.004031	0.005291	0.002458	0.010751	0.003908
批发和零售	0.044567	0.059348	0.068824	0.001757	0.029705	0.046792

续 表

	交通运输及仓储业	批发和零售业	住宿和餐饮业	通信服务业	居民服务、修理和其他服务	文化、体育和娱乐
交通运输、仓储和邮政	0. 209354	0. 10641	0. 053119	0. 043036	0. 072305	0. 068654
住宿和餐饮业	0. 031237	0. 030678	0. 018808	0. 051724	0. 029289	0. 069658
信息传输、软件和信息技术服务	0. 009081	0. 023383	0. 010159	0. 042661	0. 010985	0. 009754
金融	0. 089647	0. 127793	0. 046687	0. 055981	0. 080209	0. 129258
房地产	0. 034685	0. 054126	0. 052685	0. 019749	0. 065993	0. 029215
租赁和商务服务	0. 0601	0. 087204	0. 080611	0. 045678	0. 048748	0. 097078
科学研究和技术服务	0. 002408	0. 003924	0. 009564	0. 001244	0. 001285	0. 003669
水利、环境和公共设施管理	0. 000403	0. 000601	0. 000374	0. 001096	0. 00047	0. 001593
居民服务、修理和其他服务	0. 013776	0. 005337	0. 012884	0. 006390	0. 011266	0. 012025

续表

	交通运输及仓储业	批发和零售业	住宿和餐饮业	通信服务业	居民服务、修理和其他服务	文化、体育和娱乐
教育	0.001599	0.002265	0.000982	0.000763	0.001089	0.002560
卫生和社会工作	0.000021	0.000046	0.000034	0.000004	0.000003	0.000008
文化、体育和娱乐	0.002399	0.00343	0.002873	0.005865	0.002753	0.009949
公共管理、社会保障和社会组织	0.000388	0.000449	0.000410	0.000515	0.004197	0.000508

然后，根据完全消耗系数，计算需要交通运输及仓储业；批发和零售业；住宿和餐饮业；通信服务业；居民服务、修理和其他服务和文化、体育和娱乐业六个行业的最终社会总产品需要的各个部门的投入。最后，将各个部门需要的投入进行加总，得出了为了满足六个行业的额外产出，需要的总投入（见表 7 –22）。

表 7 –22　　各部门投入的总投入　　单位：元

行业	额外产出（即直接经济效应）	总投入（即间接经济效应）
交通运输及仓储业	30.2	54.18
批发和零售贸易业	26.0	46.64
住宿和餐饮业	27.2	42.39
通讯服务业	0.7	1.1
居民服务、修理和其他服务	9.7	15.78
文化、体育和娱乐业	6.2	7.3
合计	100	167.39

对各个部门需要的投入进行加总，若游客投入 100 元，得到需要的社会总投入为 167.39 元，间接效应/直接效应 =1.67。

7.11.2　坪山区 GDP 增长率测算

表 7 –23　　坪山区与深圳市近 5 年 GDP 增长率　　单位：%

地区 \ 年份	2014	2015	2016	2017	2018	平均
坪山区	10.0	9.4	12.60	12.10	10.10	10.84
深圳市	8.4	8.9	9	8.8	7.6	8.54

近五年来，坪山区的 GDP 增长率在 10% 左右，平均比深圳全市增长高约 2%。考虑到全国 GDP 自 2018 年以来增速逐步下降，深圳市的 GDP 增速也缓步下降，在 2019 年已经下降到 6.6%，因此简单预估坪山区 2019 年的增速平均值会下降到 8% 左右。

最后，将各个部门需要的投入进行加和，得出了为满足六个行业的额外产出，需要的总投入。

最终算得间接效应/直接效应 = 1.67，测得旅游业对坪山区的间接经济贡献值为 56 亿元。所以，规划 2025 年年末旅游业的经济总价值为 86 亿元。按 8% 的 GDP 年增长速率计算，那么 2025 年坪山旅游对 GDP 的贡献约为 8%。

8 行动项目库

重点旅游项目方面，与旅游有关的旅游项目应该由文体旅游局牵头，具体如商业街、基本农田等项目则应分别由建设局、农业局负责。目前重点项目已经与华侨城集团与比亚迪集团形成合作，需要协调好与重点企业的关系。重点项目建设是坪山区发展旅游的重中之重，只有先发展好了这些重点项目，才能以点带面，形成未来旅游的持续吸引力。

配套设施建设中，除云轨项目需要与比亚迪公司合作实施，其他项目均由政府相关部门牵头负责即可。配套设施建设旨在平衡“游客基本需求”与“最小化建设量”之间的关系，最大限度地避免对生态环境的干扰。

8.1 重点旅游项目

坪山区重点旅游项目见表 8 –1。

表 8 –1　　　　重点旅游项目

资源类型	项目名称	子项目	规模	投资估算（万元）	用地现状	用地建议	时序安排
生态康养资源	马峦山休闲系统	慢行系统	37957 米	21612	以市政道路为主	局部调整	近期

续　表

资源类型	项目名称	子项目	规模	投资估算（万元）	用地现状	用地建议	时序安排
生态康养资源	马峦山休闲系统	运动系统	60000平方米	2000	三九集团用地	收归国有	近期
	金龟康养项目	民宿基础设施	约100户	15000	村集体用地	与村民合作	近期
		露营基础设施	100000平方米	2000	山林用地	局部调整	
		金龟徒步休憩设施	10000米	1000	山林道路	局部调整	
		公益演出广场	500平方米	1000	村集体用地	与村民合作	
工业旅游资源	比亚迪工业旅游项目	汽车用品街改造	1000米	1000	商业用地	与比亚迪公司合作	近期
		汽车博物馆	1000平方米	5000	商业用地	与比亚迪公司合作	
红色旅游资源	红色旅游项目	强华学校修缮	2000平方米	2000	文物用地、集体用地	周边拆迁	近期
		省港大营救线路休憩设施	20000米	3000	山林道路	局部调整	

续 表

资源类型	项目名称	子项目	规模	投资估算（万元）	用地现状	用地建议	时序安排
休闲农业资源	绿梓都市农业休闲综合体项目	农业绿道休闲体	100000平方米	7500	国有用地		近期
		国家农业公园项目	100000平方米	20000	国有用地		远期
文化旅游资源	大万客家文化旅游项目	“三坊”改造	400000平方米	20000	文物用地、集体用地	拆迁改造	近期
		盘龙文化街改造	1500 米	5000	华侨城集团征用	拆迁改造	
		金沙博物馆改造	22000平方米	15000	文物用地	直接利用	
	坪山河风情游项目	夜游景观基础设施	300 米	2000	村集体用地	规划调整	近期
		剧院街	300 米	10000	村集体用地	规划调整	
		商业街	1000 米	15000	村集体用地	规划调整	
		酒吧街	500 米	20000	村集体用地	规划调整	
		小吃街	1000 米	20000	村集体用地	规划调整	
		景观桥	30 米	5000	国有用地		
		码头	3 个	3000	国有用地		
合计	7 个项目	22 个子项目		196112			

注：近期为 2025 年，远期为 2035 年。

8.2 配套设施项目

坪山区旅游配套设施项目见表8－2。

表8－2　配套设施项目

项目名称	规模	投资估算（万元）	用地现状	用地建议	时序安排
特色民宿	床位约9500张	95000	村集体用地	与村民协商合作	近期
饮食街	共30000平方米	20000	商业用地、文物用地	规划调整	近期
酒吧街	20000平方米	10000	商业用地	规划调整	近期
停车场	14600平方米	10000	以空地为主	拆迁	近期
云轨线		500000	空中作业		远期
登山栈道	52千米	20000	市政道路	局部调整	近期
自行车绿道	87千米	10000	市政道路	局部调整	近期
旅游装备生产工厂	20家	5000	工业用地	改造升级	远期
旅游装备销售一条街	20000平方米	20000	工业用地	改造升级	远期
旅游集散中心	共3000平方米	2000	交通用地、村集体用地	直接利用	近期
特色购物街	共35000平方米	20000	商业用地	改造升级	近期
合计		712000			

注：近期为2025年，远期为2035年。

参考文献

[1] MARGARET J DANIELS. Central Place Theory and Sport Tourism Impacts [J] . Annals of Tourism Research, 2006, 34 (2): 332 - 347.

[2] TEODORO LASANTA, MARIA LAGUNA, SERGIO M VICENTE - SERRANO. Do Tourism - Based Ski Resorts Contribute to the Homogeneous Development of the Mediterranean Mountains? A Case Study in the Central Spanish Pyrenees [J] . Tourism Management, 2007, 28 (5): 1326 - 1339.

[3] SARA K MARSHALL, PAUL BARRY. Community Sport for Development: Perceptions From Practice in Southern Africa [J] . Journal of Sport Managemen, 2015, 29 (1): 109 - 121.

[4] MICHAEL B EDWARDS. The Role of Sport in Community Capacity Building: An Examination of Sport for Development Research and Practice [J] . Sport Management Review, 2015 (18): 6 - 19.

[5] 田慧，周虹. 休闲、休闲体育及其在中国的发展趋势 [J] . 体育科学，2006 (4): 67 - 70.

[6] 陈琦，陈华，龚建林，等．岭南休闲体育文化特色研究［J］．广州体育学院学报，2009（4）：1－5.

[7] 周爱光．体育休闲本质的哲学思考——兼论体育休闲与休闲体育的关系［J］．体育学刊，2009（5）：1－7.

[8] 鲍明晓，赵承磊，饶远，等．我国体育旅游发展的现状、趋势和对策［J］．体育科研，2011（6）：4－9.

[9] 陈玉忠．论休闲体育与体育休闲［J］．上海体育学院学报，2010（1）：25－28，33.

[10] 游战澜，叶楠．我国体育市场发展的路径选择研究［J］．山东体育学院学报，2010（8）：8－13.

[11] 陈旸．基于 GIS 的社区体育服务设施布局优化研究［J］．经济地理，2010（8）：1254－1258.

[12] 邱宗忠，周涛，赵敬华，等．城市社区体育公共服务体系动力机制构建要素分析［J］．体育与科学，2011（5）：54－56.

[13] 楚继军、王宝珠．我国城市社区休闲体育公共服务体系的结构与运行机制分析［J］．北京体育大学学报，2012（10）：35－41.

[14] 孙立海，吕万刚，罗元翔，等．我国社区体育非盈利组织的运行机制［J］．武汉体育学院学报，2014（2）：5－10.

[15] 张峰筠，肖毅，吴殷．城市社区公共体育设施场地的空间布局——以上海市杨浦区为例［J］．上海体育学院学报，2014（1）：80－83.

[16] 鲁海涛．“大健康”论域下城市社区体育公共服务

的变革［J］．体育科学研究，2015（5）：27－33.

［17］陈桥．社区体育运动开展中权利冲突的法律调整——从广场舞纠纷切入［J］．体育与科学，2015（1）：96－101.

［18］骆映，黄文仁．规范社会资本在社区体育发展中的价值［J］．体育科学研究，2015（3）：1－4.

［19］梁勤超，李源，石振国．供给侧改革视域下社区体育公共空间供需矛盾及其化解［J］．天津体育学院学报，2017（3）：208－212.

［20］陈德旭，郭修金．社区公共体育服务供需偏好及耦合机制构建——以上海市为例［J］．武汉体育学院学报，2017（11）：41－47，65.

［21］王占坤．发达国家公共体育服务体系建设经验及对我国的启示［J］．体育科学，2017（5）：32－47.

［22］叶祥财，黄海燕．城市公共体育设施资源共享研究［J］．体育科研，2012（6）：51－54.

［23］陈新生，楚继军，王宝珠．我国城市社区休闲体育公共服务体系的结构与运行机制分析［J］．北京体育大学学报，2012（10）：35－41.

［24］邵斌，蔡玉军，周曰智，等．体育公共服务的政府供给研究［J］．上海体育学院学报，2012（4）：7－11.

［25］谭建湘，周良君，陈华．国内公共体育场馆运营管理研究述评［J］．体育学刊，2013（5）：43－48.

［26］董传升．论中国体育发展方式的公共转向：从国家体育到公共体育［J］．北京体育大学学报，2013（1）：14－

19，63.

［27］张大超，苏研欣，李敏．我国城乡公共体育资源配置公平性评估指标体系研究［J］．体育科学，2014（6）：18－33.

［28］郭修金，戴健．政府购买体育社会组织公共体育服务的实践、问题与措施——以上海市、广东省为例［J］．上海体育学院学报，2014（3）：7－12.

［29］韩鲁安．构建资源循环型公共体育服务体系的研究［J］．西安体育学院学报，2015（4）：391－399.

［30］陈丹丹，李国岳，谢冬兴．城镇化中的公共体育空间剥离与重构——基于珠三角绿道视角下的诉求［J］．哈尔滨体育学院学报，2013（3）：33－38.

［31］赵慧娣．新时代背景下公共体育服务供给侧结构优化路径研究［J］．体育与科学，2018（2）：20－26.

［32］胡玥，蔡永立．城市公园社会服务空间公平性的定量分析——以上海市中心城区为例［J］．华东师范大学学报（自然科学版），2017（1）：91－103，112.

［33］梁爽，范香．基于建筑空间特征城市公园空间分布及优化选址研究——以深圳市综合公园为例［C］．东莞：中国城市规划学会会议论文集，2017.

［34］张冉，莫舒敏，刘超．甘肃省地质公园空间分布特征及整合优化分析［J］．宁夏大学学报（自然科学版），2016（4）：509－514.

［35］吕强，高文秀，范香．基于服务范围的社区公园空间布局均衡性研究——以深圳市南山区为例［J］．建筑与文

化，2017（6）：185－187.

［36］王文娟．中国主题公园空间分布与优化研究——基于国家A级旅游区（点）的统计［D］．合肥：安徽师范大学，2010.

［37］朱竑，陈晓亮．中国A级旅游景区空间分布结构研究［J］．地理科学，2008（5）：607－615.

［38］刘思敏．对中国主题公园发展的基本判断［N］．中国旅游报，2013－01－30（11）.